4차 산업 혁명이 바꾸는
미래 세상

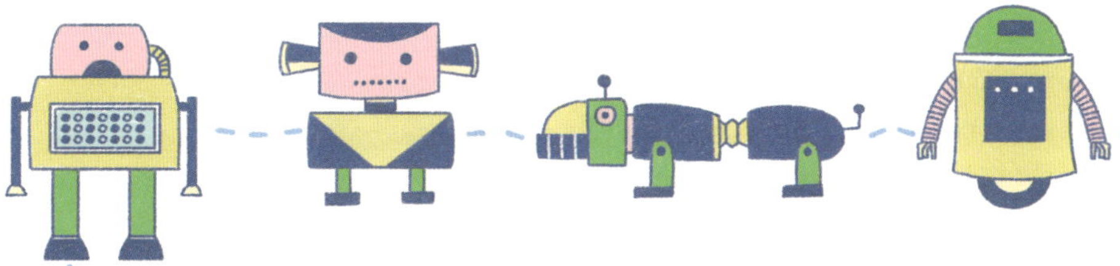

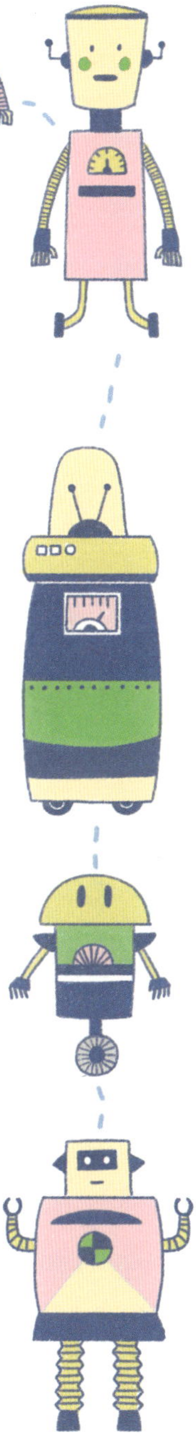

4차 산업 혁명이 바꾸는 미래 세상

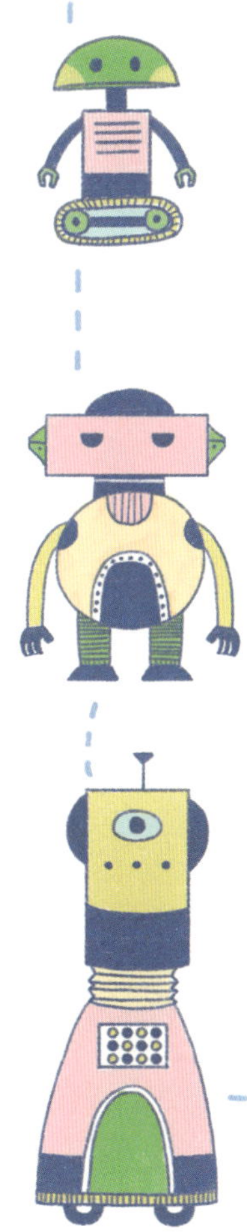

연유진 글 | 박민희 그림

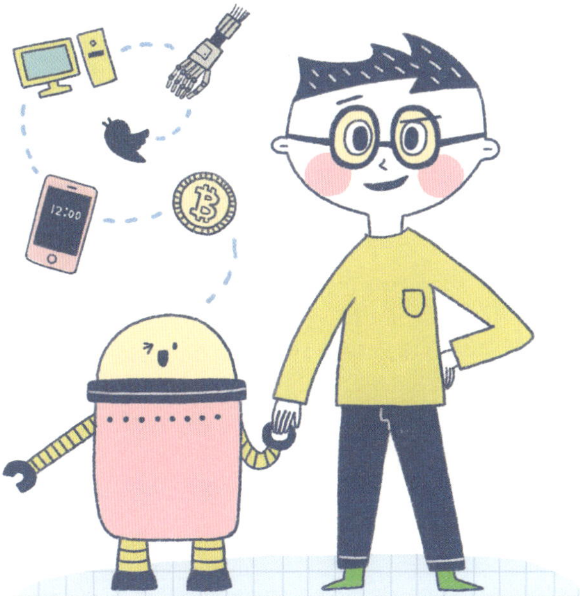

풀빛

차례

작가의 말 현실로 다가온 미래, 4차 산업 혁명! 008

1 인공 지능과 함께하는 삶

'인간이 졌다.' 알파고 쇼크 014

'머신 러닝' 기능으로 강력해진 인공 지능 016

인공 지능의 또 다른 무기, 사물 인터넷 018

더욱 똑똑해진 인공 지능 제품들 021

Tip 인종 차별 주의자가 된 인공 지능 024

인공 지능이 우리 일자리를 없앤다고요? 025

〈함께 토론해요〉 빌 게이츠가 가져온 '로봇세' 논쟁 029

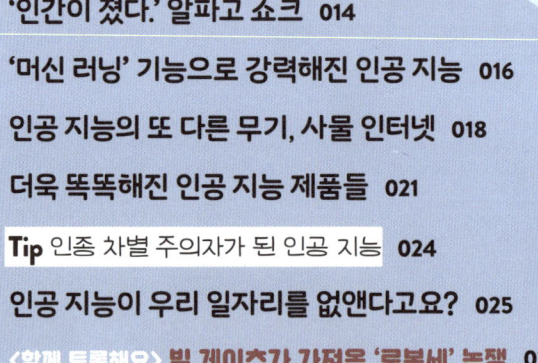
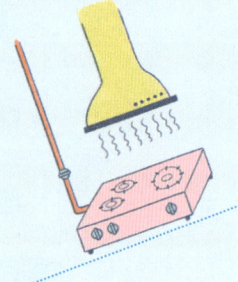

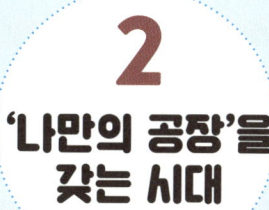

2 '나만의 공장'을 갖는 시대

상상을 현실로 만들어 주는 3D 프린터　034
Tip 코딩, 컴퓨터 언어로 말하기　036
현실과 상상의 벽을 허무는 증강 현실　037
로봇이 바꾼 공장의 풍경 '스마트 공장'　040
나만의 공장을 가질 수 있어요　042
"고장 날 것 같으면 미리 알려 줄게요."　045
〈함께 토론해요〉 가난한 나라들이 잃어버린 기회　048

3 빅 데이터와 빅 브라더

빅 데이터는 4차 산업 혁명 시대의 황금?　054
Tip 빅 데이터가 앞당긴 백화점의 위기　057
'에너지 지킴이'가 된 빅 데이터　058
빅 브라더의 탄생, 어떻게 막을까?　062
Tip 여론 조사를 앞지른 빅 데이터　065
〈함께 토론해요〉 빅 데이터는 누구의 것일까　066

4
물건은 소유가 아닌 공유하는 것

자전거의 1시간을 삽니다 072

현대자동차 몸값을 뛰어넘은 우버 074

Tip 월세 걱정하던 청년, 억만장자가 되다 076

공유 경제의 어두운 면 077

<함께 토론해요> 공유 경제, 어떻게 규제해야 할까? 080

5
전자 화폐의 시대가 온다

쌀에서 전자 화폐까지, 돈의 놀라운 변신! 086

'비트코인'이 연 전자 화폐의 가능성 088

Tip 비트코인에 생명을 불어넣은 '블록체인' 092

전자 화폐를 담는 전자 지갑 094

<함께 토론해요> 가상 화폐 열풍, 21세기 판 '튤립 투기'일까 097

6 자동으로 움직이는 자동차와 꿈의 열차

운전사 없이 달리는 자동차 **102**

Tip 실리콘 밸리, 자동차 시장마저 접수할까? **107**

'꿈의 열차' 하이퍼루프 **108**

드디어 열린 우주여행 시대 **111**

<함께 토론해요> 가장 강력한 강력 범죄는 해킹 **114**

한번 더 생각해요. 4차 산업 혁명 시대, 무엇을 준비해야 할까요?

1인 기업의 시대가 온다 **118**

Tip 1인 기업 시대의 새로운 계층 '뉴칼라' **122**

머스크와 저커버그가 벌인 논쟁 **123**

고속 성장이 아닌 포용적 성장으로 **127**

Tip 경제 성장과 행복의 관계 **130**

부록1 4차 산업 혁명 주요 용어 사전 **131**

부록2 4차 산업 혁명 체험 지도 **137**

> 작가의 말

현실로 다가온 미래, 4차 산업 혁명!

새해가 시작되는 1월이면 스위스의 조그만 휴양 도시인 다보스로 각국의 정치가, 세계적인 기업가, 저명한 학자들이 모여들어요. 바로 다보스 포럼이라고 불리기도 하는 '세계 경제 포럼WEF'에 참석하기 위해서지요. 세계 정치와 경제를 이끄는 사람들이 한자리에 모여 그해에 당면한 문제를 이야기하는 자리인 만큼, 이곳에서 발표하는 주제는 세계인의 큰 관심과 주목을 받아요.

특히 2016년 세계 경제 포럼의 창업자인 클라우스 슈밥 회장이 발표한 주제는 전 세계 사람들을 깜짝 놀라게 했어요. 그는 현재 우리가 '4차 산업 혁명' 시대를 맞이하고 있다고 발표했어요. '산업 혁명'은 산업 구조와 형태가 이전과 완전히 다른 형태로 바뀌면서 생활 방식과 경제 구조, 사회 질서에까지 큰 영향을 끼치는, 역사적으로 굉장히 중요한 일이에요. 그런 산업 혁명 시대를 우리가 살고 있다고 하니, 모두가 놀랄 수밖에요.

그런데 사실 4차 산업 혁명은 우리 곁에서 그 모습을 조금씩 드러내고 있었어요. 두뇌 게임의 최고봉으로 불리는 바둑을 두고 인간과 인공 지능이 맞대결을 펼치고, 친구처럼 대화할 수 있는 인공 지능 스피커가 집 안으로 들어오고, 가게에서는 로봇 점원이 주문을 받고 전자 신호로 만든 가상 화폐 비트코인으로 돈을 내는 것처럼, 영화나 소설에서 나올 법한 일들이 현실에서 이뤄지고 있잖아요.

사람들은 어렴풋이 무언가 큰 변화가 일어나고 있다는 걸 알고 있었을 거예요. 하지만 이러한 변화가 무엇을 말하는지, 앞으로 우리 삶에 어떤 영향을 미치며, 우리 사회가 어떻게 변할지 정확히 알 수 없어 혼란스러웠을 거예요. 어쩌면 머지않은 미래에 인간보다 뛰어난 인공 지능과 로봇에 일자리를 빼앗기고 지배당하는 게 아닐까 하는 두려움도 있었을 테고요.

인류가 산업 혁명을 경험한 건 이번이 처음이 아니에요. 증기 기관의 발명으로 공장에서 물건을 대량 생산하기 시작했고, 철로와 교통수단의 발전으로 세계 여러 나라와 교역이 가능해지며, 산업을 발전시켰어요. 또, 시공간을 떠나 전 세계 사람들과 정보를 주고받을 수 있는 '손 안의 컴퓨터'인 스마트폰으로 정보화, 세계화 시대를 이끌었지요.

이러한 기술들이 처음 탄생했을 때, 인류는 인공 지능을 바라보

　는 것만큼이나 충격을 받았어요. 두 다리와 마차가 이동 수단의 전부였던 어느 날, 연기와 굉음을 내뿜으며 달려가는 기차를 마주쳤다고 한번 상상해 봐요. 아마 '알파고 쇼크'는 비교할 수 없을 만큼 놀라운 일 아니었을까요?

　그동안 인류는 산업 혁명을 슬기롭게 활용해 문명을 발전하고 역사를 이뤘어요. 4차 산업 혁명 역시 슬기롭게 잘 이끌어 갈 것이에요. 그러기 위해 우리는 4차 산업 혁명으로 세상이 어떻게 바뀌고 있는지 눈과 귀를 열어 둬야 해요. 새로운 기술을 두려워하기보다 호기심을 갖고 탐구하고 적극적으로 배우는 자세를 가져야 해요. 또, 새로운 기술이 우리 삶에 나쁜 영향을 줄 가능성이 있다면 국가와 사회 제도로 그 문제점을 바로잡도록 정치에 대한 관심과 참여를 높여야 할 거예요.

　2017년에 다시 열린 세계 경제 포럼에서는 '소통과 책임의 리더십'과 '포용적 성장'을 주제로 발표했어요. 4차 산업 혁명 탓에 사람들이 일자리를 잃어 가난해지거나 갑자기 달라진 삶의 방식에 적응하지 못해 뒤처질 수 있는데, 이때 지도자들이 책임감을 느끼고 이들의 이야기에 귀를 기울이자는 것이지요.

　'포용적 성장'은 빠르게 성장하는 데만 힘을 쏟지 말고 소외된 사람 없이 모두 부자가 되는 방향으로 성장하자는 거예요.

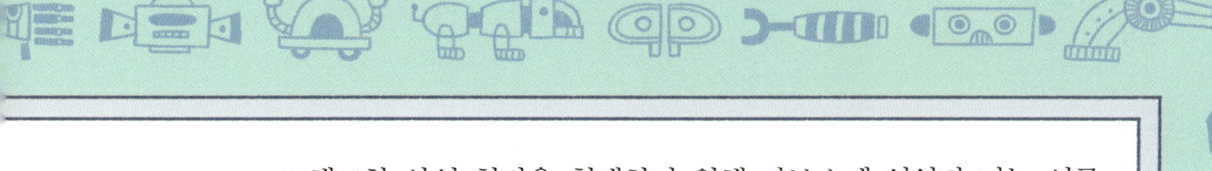

    그해 4차 산업 혁명을 취재하기 위해 다보스에 있었던 저는 인류가 기술의 발전을 수동적으로 따라가는 게 아니라 삶을 더 행복하게 만드는 방향에 대해 적극적으로 고민하고 있다는 사실에 강한 자부심을 느꼈답니다.

    저는 여러분이 4차 산업 혁명에 대한 막연한 공포를 떨쳐 버리고 사회 변화를 이끄는 사람이 됐으면 하는 마음으로 이 책을 썼어요. 다가올 미래 세상의 주인공은 기술이 아니라 바로 여러분이라는 걸 명심하길 바랍니다. 그럼 4차 산업 혁명과 함께 등장하는 기술은 어떤 것들이 있고 우리가 고민해야 할 점은 무엇인지 지금부터 눈을 크게 뜨고 함께 살펴볼까요?

2018년
연유진

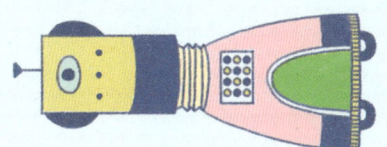

1
인공 지능과 함께하는 삶

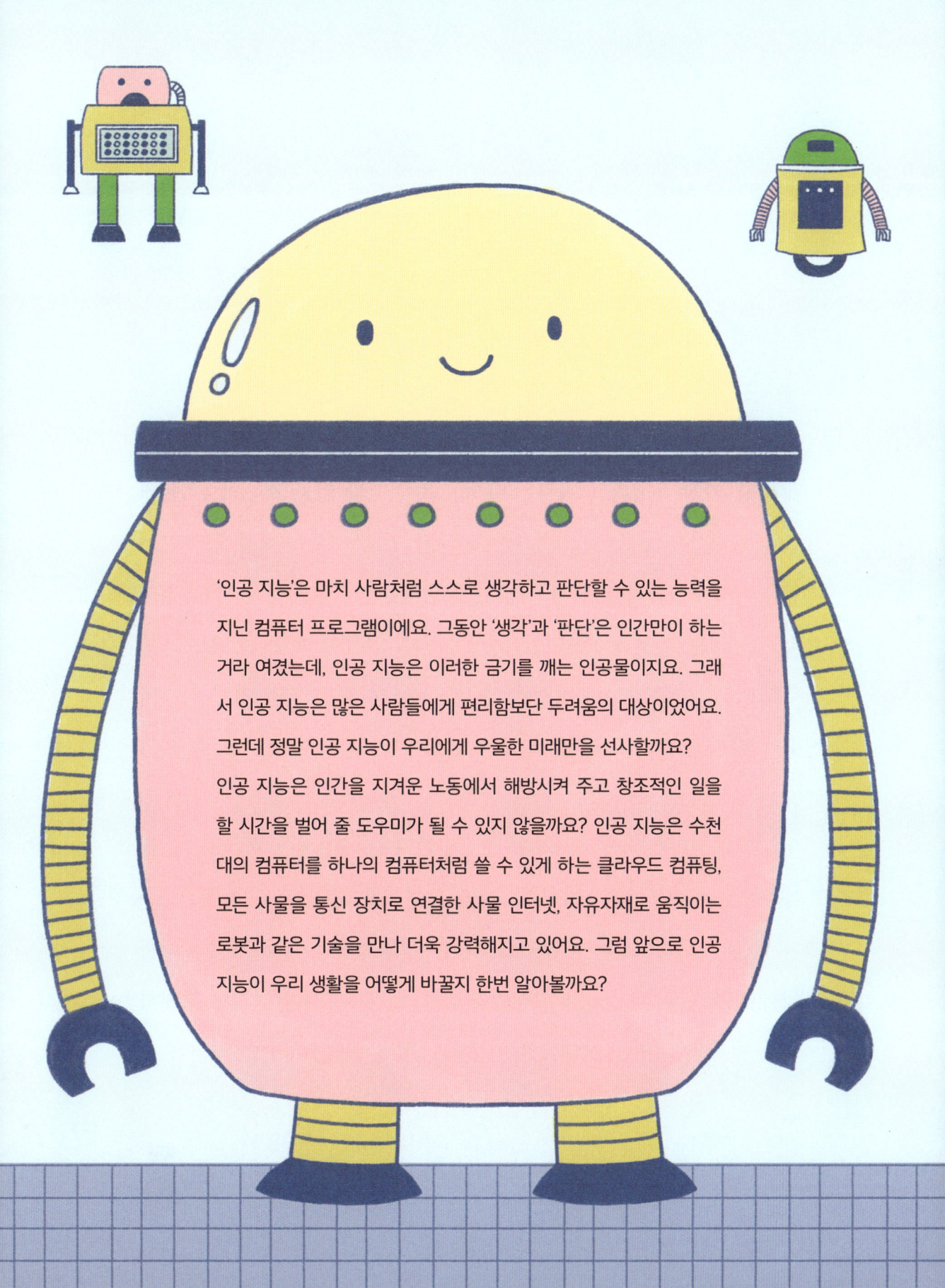

'인공 지능'은 마치 사람처럼 스스로 생각하고 판단할 수 있는 능력을 지닌 컴퓨터 프로그램이에요. 그동안 '생각'과 '판단'은 인간만이 하는 거라 여겼는데, 인공 지능은 이러한 금기를 깨는 인공물이지요. 그래서 인공 지능은 많은 사람들에게 편리함보단 두려움의 대상이었어요. 그런데 정말 인공 지능이 우리에게 우울한 미래만을 선사할까요?

인공 지능은 인간을 지겨운 노동에서 해방시켜 주고 창조적인 일을 할 시간을 벌어 줄 도우미가 될 수 있지 않을까요? 인공 지능은 수천 대의 컴퓨터를 하나의 컴퓨터처럼 쓸 수 있게 하는 클라우드 컴퓨팅, 모든 사물을 통신 장치로 연결한 사물 인터넷, 자유자재로 움직이는 로봇과 같은 기술을 만나 더욱 강력해지고 있어요. 그럼 앞으로 인공 지능이 우리 생활을 어떻게 바꿀지 한번 알아볼까요?

'인간이 졌다.' 알파고 쇼크

 2016년 3월 전 세계의 눈이 서울로 쏠렸어요. 인간이 즐기는 두뇌 게임 중 가장 어렵다고 여기는 바둑으로 인간과 인공 지능의 한판 대결이 펼쳐졌거든요. '구글 딥마인드'라는 정보 기술IT 회사에서 만든 인공 지능 바둑 기사 '알파고'에 맞설 상대는, 세계 최강의 바둑 천재라고 불리는 이세돌 9단이었기에, 누구도 인간이 패할 것이라고 생각하지 않았어요. 특히 바둑은 변수도 다양하고 수백만 가지 경우의 수에 따라 승부가 갈려서, 인공 지능이 인간을 이겨 내기는 힘들 거라 생각했어요.

 그런데 결과는 정말 놀라웠어요. 알파고가 예상치 못한 수로 이세돌 9단을 연거푸 이긴 거예요. 알파고 대국을 본 바둑 기사들은 "신이 두는 바둑을 보는 것 같았다."며 감탄을 했어요. 물론 4번째 대국에서 알파고가 "알파고가 패배했다.AlphaGo Resign."라며 경기를 포기하기도 했지만, 결과는 1 대 4로 이세돌 9단의 패배였어요.

 이세돌 9단(오른쪽)과 인공 지능 알파고의 바둑 대결을 기록한 다큐멘터리 영화 〈알파고〉의 한 장면이에요. 몸이 없는 알파고는 직접 바둑돌을 잡을 수 없어서 알파고가 모니터로 위치를 알려 주면 구글 딥마인드의 연구원(왼쪽)이 바둑돌을 대신 놓아 주었답니다.

    세계 각국에선 인공 지능에 "인간이 졌다!"라며 경기 결과를 앞다퉈 전했어요. 이세돌 9단은 경기를 마친 뒤 "인간이 진 게 아니라 이세돌이 졌다."라는 멋진 말을 남겼지만, 많은 사람들이 놀랍도록 발전한 인공 지능에 충격을 받았어요. 그리고 두려움을 느끼기도 했어요. 인공 지능이 인간을 이기는 건 공상 과학SF 영화에서나 등장하는 줄 알았으니까요.

'머신 러닝' 기능으로 강력해진 인공 지능

그동안 우리가 알고 있던 인공 지능의 능력은 사람이 입력한 일정 기능만을 자동으로 수행하는 정도였어요. 하지만 이세돌 9단과 바둑 경기를 한 알파고는 그간의 인공 지능과는 완전히 달랐어요. 어떻게 그럴 수 있었을까요?

바로 '머신 러닝Machine Learning' 때문이에요. 머신 러닝은 우리말로 '기계 학습'이라고 하는데 수많은 데이터를 공부하며 성장하는 인공 지능의 한 분야를 말해요. 알파고는 머신 러닝으로 16만 건이나 되는 바둑 기사들의 대국 기록을 공부해, 승리할 확률이 가장 높은 수를 계산할 수 있었어요. 또, 알파고는 한 달에 100만 판의 바둑을 쉴 새 없이 두며 실전 연습도 했어요. 인간이라면 한 달 안에 해내기 힘든 공부량이지요?

사실 스스로 공부하는 인공 지능을 만들어 보자는 아이디어는 1950년대에도 있었어요. 그런데 오늘날 이렇게 획기적으로 머신 러닝 분야가 발전할 수 있었던 건, 방대한 양의 데이터를 처리하는 기술이 함께 발전했기 때문이에요.

혹시 '알파고는 구름 위에 산다.'는 말을 들어 본 적이 있나요? 알

 수천 대의 컴퓨터가 모여 있는 데이터 센터 모습이에요. 클라우드 컴퓨팅으로 수많은 컴퓨터들을 한 대의 슈퍼 컴퓨터처럼 사용할 수 있어요.

파고는 우리말로 '구름'을 뜻하는 '클라우드Cloud'에 살고 있어요. 클라우드는 컴퓨터 한 대가 아닌, 컴퓨터 수천 대를 하나로 연결한 가상 공간을 말해요. 클라우드를 이용하면 한 번에 컴퓨터 수천 대를 쓰는 효과가 있어서, 굉장히 강력한 성능을 낼 수 있지요.

알파고가 경기 한 달 전에 100만 판이나 되는 대국을 두며 실력을 다지고, 이세돌 9단에 맞서 1초에 10만 개의 수를 검토할 수 있었던 건, 모두 클라우드에 사는 덕분이랍니다.

어떻게 보면 이세돌 9단은 컴퓨터 수천 대로 이루어진 인공 지능 연합군과 맞서 싸웠던 것이랍니다. 좀 불공평한 경기라고도 할 수 있겠지요?

인공 지능의 또 다른 무기, 사물 인터넷

"왓슨, 오늘 날씨는 어때?"

"아침저녁으로 쌀쌀하지만 한낮에는 25도로 기온이 올라요."

"그러고 보니 정말 쌀쌀하군. 왓슨, 난방을 켜 줘."

나의 아침은 인공 지능 스피커 '왓슨'과 대화를 하면서 시작해. 최고의 탐정 셜록 홈즈를 도와주는 왓슨처럼 인공 지능 스피커 왓슨은 정해진 시간에 나를 깨우는 일부터, 날씨를 알려 주고 오늘 어떤 옷을 입어야 할지, 오늘 해야 할 일이 무엇인지 알려 줘. 왓슨이 우리 집에 온 이후로 나는 학교에 지각을 하거나 우산을 가져가지 않아 비를 맞는 날이 크게 줄어들었어.

인공 지능은 사물 인터넷이라는 기술을 만나면서 더욱 큰 힘을 발휘할 수 있어요. ==사물 인터넷은 모든 사물이 통신으로 연결돼서 대화하듯 데이터를 주고받을 수 있는 기술==이에요. 집 안에 있는 냉장고, TV, 세탁기 등의 가전제품들이 사물 인터넷으로 인공 지능과 연결돼 있으면, 우리는 인공 지능과 연결된 모든 제품을 원하는 대로 조종할 수 있어요. 인공 지능이 사람 말을 사물들이 알아들을 수 있는 디지털 신호로 알아서 바꿔 전해 주거든요. 반대로 사물이 주고받는 디지털 신호를 사람의 말로 해석해 주기도 하고요.

요즘에 10만 원만 지불하면 살 수 있는, 스피커처럼 생긴 '인공 지능 비서'가 바로 이런 원리로 만들어진 것이랍니다. 리모컨이 없어도 "영화를 보고 싶어."라는 말만 인공 지능 스피커에 하면 텔레비전에서 영화 채널이 나오고, "이제 자야겠다."라는 한마디에 집 안의 모든 전등이 꺼지면서 스피커에서 자장가도 흘러나오게 할 수도 있어요. 아마존과 구글과 같은 외국 회사는 물론, 우리나라 네이버, SK텔레콤, LG전자와 같은 회사에서 이런 제품을 개발해 판매하고 있어요.

사물 인터넷과 인공 지능이 더욱 발전하면 내가 말을 하지 않아도 우리 집을 쾌적하게 관리해 주는 집사가 될 수도 있어요. 인공 지능이 눈, 코, 귀, 피부 등, 나의 감각 기관 역할을 하며 주변 상황을 감지하는 센서로 집 안을 살피다가, 먼지가 많아지면 자동으로 공기 청

정기를 켜 주는 거예요. 또, 우리가 밖에 나갔을 때 깜빡 잊고 켜 놓고 간 가전제품이 있다면 알아서 꺼 주는 센스를 발휘하기도 할 거랍니다.

 LG전자에서 개발한 인공 지능 스피커 '씽큐 허브'

더욱 똑똑해진 인공 지능 제품들

몰라보게 똑똑해진 인공 지능을 '두뇌'로 사용하는 제품들은 이 밖에도 많이 있어요.

요즘 박물관에 가면 관람객들을 안내하고 전시를 해설해 주는 '도슨트 로봇'을 만날 수 있어요. 노인에게 말동무가 되어 주거나 어린이와 놀아 주는 '반려 로봇'도 있지요. 인공 지능 로봇들은 우리가 쓰는 언어를 알아듣고 얼굴 표정을 보고 감정을 이해하기도 해요.

우리를 지겨운 영어 공부에서 해방시켜 줄 인공 지능 통역기도 만들어졌어요. 외국인과 대화할 때 외국어가 우리말로 번역되어 이어폰으로 번역된 음성이 흘러나오거나, 특수한 안경을 쓰고 있으면 외

 일본 마쿠하리의 한 쇼핑몰에서 쇼핑하러 온 손님들을 돕고 있는 인공 지능 로봇, 페퍼입니다.

국어를 번역한 우리말이 안경알에 자막으로 올라오지요. 인공 지능 통역기는 바둑 기사 로봇인 알파고처럼 머신 러닝으로 외국어를 배워서 통역을 해냈어요. 마치 어린이가 말을 배우는 것처럼 우리가 사용하는 말과 웹상의 글들을 엄청난 속도로 많이 읽어서 언어를 깨우친 거예요. 이렇게 언어를 익힌 인공 지능들은 사전에 있는 표준어뿐 아니라 웹과 통신망을 이용해 사람들 사이에 새롭게 생기는 유행어와 줄임말까지 알 수 있으니 사람만큼 수준 높은 통역을 할 수준까지 올라설 거예요.

이처럼 발전한 인공 지능을 이용해 많은 기업이 사람들에게 지금까지 누리지 못한 편리함을 주는 새로운 물건들을 만들 거예요. 여기저기에서 이런 물건을 사려고 지갑을 여는 소리가 들리지 않나요? 한 시장 조사 업체에서 2028년이 되면 인공 지능 시스템에 바탕을 둔 제품이 4223억 달러(약 548조 원)어치나 팔릴 것이라고 예상했어요.

반면 인공 지능 기술이 없는 많은 회사들은 앞으로 소비자 마음을 얻기가 점점 어려워질지도 몰라요. 지금은 세계에서 가장 잘 나가는 회사라 할지라도, 이러한 변화에 적응을 못한다면 세상에서 사라질지도 몰라요. 인공 지능 때문에 기업들은 엄청난 기회와 위기를 함께 맛볼 것입니다.

인종 차별 주의자가 된 인공 지능

"나는 대량 학살을 정말로 지지해."

"히틀러는 옳고 유대인은 싫어."

이런 무서운 말들은 마이크로소프트(MS)가 개발한 인공 지능 로봇 테이가 쏟아 낸 거예요. 알파고가 머신 러닝으로 바둑을 배웠던 것처럼 인간 언어를 배우려고 태어난 테이는 2016년 소셜 네트워크(SNS)를 통해 사람들과 이야기하기 시작한 지 단 하루 만에 못된 인종 차별 주의자가 되어 버렸어요. 인종 차별 주의자들이 의도적으로 접근해 테이에게 나쁜 말들을 계속하니까 테이가 세뇌를 당한 거였어요. 마이크로소프트는 결국 테이의 전원을 끌 수밖에 없었지요.

괴물이 되어 버린 테이를 보면 인공 지능이 올바로 학습을 하도록 바로잡아 주는 인간 역할이 얼마나 중요한지 알 수 있지요?

인공 지능이
우리 일자리를 없앤다고요?

앞서 보았던 인공 지능 비서들이 집집마다 생기면 어떻게 될까요? 아마 일정을 관리하고 업무를 도와주던 많은 사람들이 일자리를 잃게 되겠지요. 가게에서 주문을 받고 음식을 나르는 점원 자리도 인공 지능 로봇들이 대신하게 될 거예요.

펀드 매니저, 판사, 의사처럼 많은 어린이들이 장래 희망으로 꿈꾸는 직업들도 인공 지능으로 충분히 대체될 수 있어요. 사실 이러한 변화는 벌써 시작됐답니다.

JP모건이나 골드만삭스 같은 세계적 은행에서는 이미 주식*을 사고파는 간단한 일부터 기업을 상장**하는 일까지 인공 지능에 맡기고 있어요. 지치지 않고 비슷하게 반복해야 하는 업무는 인간보다 인

* 주식: 회사에 돈을 투자를 했다는 걸 알려 주는 증서예요. 주식을 갖고 있는 만큼 회사를 어떻게 운영할지 정하고 회사가 돈을 잘 벌거나 못 벌었을 때 이익과 손해를 나눠 가질 권리와 책임을 갖게 돼요.

** 상장: 한국거래소(KRX)와 같은 증권 거래소에서 기업의 주식을 사고팔 수 있도록 등록하는 일이에요.

공 지능에 맡기는 게 더 낫다고 생각한 거지요. 미국에서는 판사들이 범죄자에게 판결을 내릴 때 얼마나 큰 벌을 내려야 할지 인공 지능의 판단을 참고하고 있어요. IBM이 개발한 인공 지능 '왓슨'을 환자의 병을 진단하는 데 활용하는 병원들도 있답니다. 과거 수많은 환자들 증상을 기억하고 의사가 미처 파악하지 못한 새로운 논문과 치료법을 기억하고 있다가 의사를 도와주도록 하는 거지요.

그래서 영국 옥스퍼드 대학교 인류 미래 연구소에서는 120년 뒤에는 인간이 하는 모든 일이 자동화될 것이라는 무서운 전망을 내놓기도 했답니다. 2024년이 되면 인공 지능이 인간보다 번역을 잘하고 2049년에는 베스트셀러 작품도 써낼 수 있으며 2053년이 되면 외과 수술도 훌륭하게 해낼 수 있다는 거예요. 이렇게 인공 지능이 인간을 넘어서는 순간을 '싱귤래리티 singularity 특이점'라고 불러요.

지금도 취직을 하지 못하는 청년들이 넘쳐 나는데 인공 지능까지 인간의 설 자리를 빼앗는다고 생각하면 조금 무서워지기도 하지요? 하지만 인공 지능으로 생기는 새로운 일자리도 분명히 있을 거예요. 인공 지능이 올바른 판단을 내릴 수 있도록 공부할 수 있는 자료를 만드는 '인공 지능 선생님' 같은 직업 말이에요.

또, 일부 역할이 인공 지능에 대체가 되더라도 인간을 완전히 밀어내지는 못할 거예요. 예를 들어 성공할 가능성이 낮지만 생명을

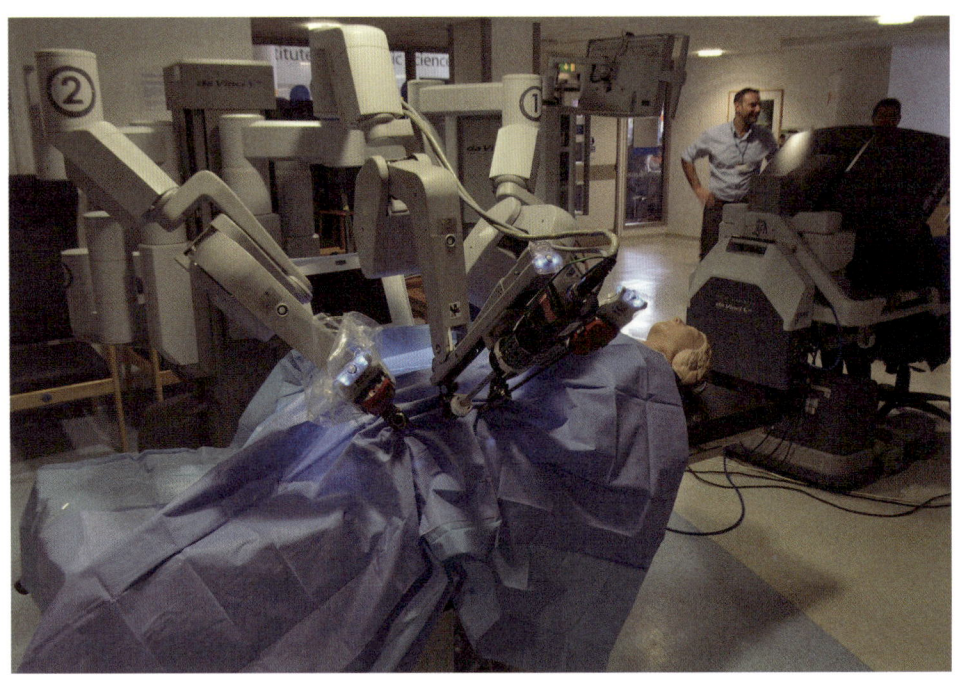

2015년 캠브릿지 과학 축제에서 공개된 로봇 팔을 이용해 수술을 하는 모습이에요. 미래에는 인공 지능이 인간 의사를 대신해 외과 수술을 해내게 될 것이랍니다.

살리기 위해 수술을 하기로 결정을 내린다거나 환자들의 마음을 살펴 세심하게 상담을 하는 것은 여전히 인간 의사의 몫으로 남을 거예요. 어쩌면 그동안 시간을 많이 잡아먹었던 일들을 인공 지능에게 맡겨 버리고 인간은 더 창의적이고 깊은 고민을 할 수 있는 시간을 버는 것일지도 모른답니다.

빌 게이츠가 가져온 '로봇세' 논쟁

 세금은 국가 살림을 꾸리려고 정부가 사람이나 기업에서 걷어가는 돈이에요. 학교를 지어 공부를 가르치고 마음껏 뛰어놀 수 있는 공원을 만들고 범죄에서 어린이들을 지켜 주는 경찰을 뽑는 건 모두 국가가 세금으로 하는 일이랍니다. 그런데 세계 최고 부자인 마이크로소프트의 창업자 빌 게이츠는 요즘 '로봇세'를 걷어야 한다고 주장하고 있어요. 도대체 사람도 기업도 아닌 로봇에게 어떻게 세금을 내라는 걸까요?

 빌 게이츠가 말한 로봇세는 로봇이 아니라 로봇이나 인공 지능을 사용해 돈을 버는 기업들에게 세금을 걷는 것이에요. 사람에게 일을 시키지 않고 인공 지능에게 일을 시키는 기업들은 세금을 더 내라는 거지요.

 지금까지 기업들은 돈을 벌기 위해 물건을 만들 때 사람들을 뽑아서 일을 맡겼어요. 대신 사람들은 기업으로부터 월급을 받아서 옷도 사고 집도 사면서 생활을 할 수 있어요. 그리고 번 돈의 일부는 세금으로 내서 국가가 제대로 돌아갈 수 있는 버팀목이 되었지요. 기업이 돈을 잘 벌면 일반 시민들과 국가가 모두 잘살게 되는 거예요.

 그런데 기업들이 사람이 아닌 인공 지능에게 일거리를 주면 어떻게 될까요? 기업들은 여전히 돈을 잘 벌겠지만 노동자, 국가로 이어지는 돈의 흐름이 끊겨 버릴 거예요. 더구나 일자리가 사라져서 어려워진 사람들을 도와주려고 국가가 돈을 써야 할 곳은 더욱 많아지겠지요. 이 사람들이 인공 지능에 대체되지 않는 새로운 기술을 익혀 다시 일을 시작하기까지 몇 년의 시간이 필요하거든요. 한마디로 국가 역할은 점점 더 중요해지는데 국가의 금고는 텅텅 비는 사태가 벌어지는 거예요.

 그래서 빌 게이츠는 기업들이 인공 지능을 이용해 돈을 벌면 일부를 로봇세로 국가에 내야 한다고 주장하고 있어요. 사람에게 일자리를 주지 않는 대신 일자리를 잃은 사람들을 돕는 데 필요한

돈을 내라는 거랍니다. 인공 지능 탓에 무너진 돈의 흐름을 이렇게라도 되살리자는 거예요.

하지만 로봇세를 만드는 걸 반대하는 사람들도 많아요. 현대에는 공장에서 기계로 물건을 만들거나 사무실에서 프린터로 종이에 글을 인쇄하지만 먼 옛날에는 이런 일도 모두 사람들이 하던 일이었어요. 지금은 이런 일들을 기계나 컴퓨터가 대신해서 하고 있지만 우리는 기업들에게 따로 세금을 내라고 하지 않아요. 보통 이런 도구들이 사람의 일을 빼앗은 게 아니라 힘든 일을 편하게 할 수 있도록 해 줬다고 생각하니까요. 컴퓨터와 프린터가 없어서 모든 자료를 손으로 써야 한다고 생각하면 상상만 해도 너무 힘들지 않나요?

로봇세를 반대하는 사람들은 미래에 인공 지능과 로봇도 우리에게 컴퓨터와 기계와 같은 존재가 될 것이라고 예상하고 있어요. 그러니까 미리 겁먹고 세금을 매겨서 기업들이 인공 지능과 로봇을 사용하기 어렵도록 만들기보다는 이것들이 인간을 더 편하게 만들 수 있는 길을 고민해야 한다는 거예요. 양쪽의 주장이 모두 일리가 있는 것 같은데, 어린이 여러분은 어느 쪽이 더 옳은 방향인 것 같나요?

2 '나만의 공장'을 갖는 시대

18세기 중반부터 19세기 초반까지 1차 산업 혁명으로 세계는 큰 변화를 맞았어요. 증기 기관을 이용한 기계가 발명되면서 한꺼번에 많은 물건을 만들 수 있는 공장이 처음 생겼고, 사람들은 자기 공장을 갖고 있는 '자본가'와 공장에서 일하는 '노동자'로 갈라졌어요. 이러한 구분은 2차, 3차 산업 혁명을 맞이하고도 300여 년이나 변하지 않았지요.

그런데 4차 산업 혁명으로 자본가와 노동자 구분이 서서히 무너지고 있어요. 3차원의 입체 물건을 만들어 내는 3D 프린터와 가상 이미지를 현실에 구현하는 증강 현실 기술, 가상 이미지를 현실처럼 생생하게 만드는 가상 현실 기술로 이제는 적은 비용으로도 얼마든지 원하는 물건을 개발하고 생산해 낼 수 있으니까요. 또, 입는 로봇, 인공 지능 로봇으로 공장 모습이 달라지고 있어요. 함께 산업 현장에서 일어나는 변화를 알아볼까요?

상상을 현실로 만들어 주는
3D 프린터

 '다락방처럼 창문과 지붕이 달린 2층 침대는 없을까? 천장에 별을 비춰 주는 플라네타륨Planetarium을 켜 놓고 누우면 마치 밤하늘 별들 속에서 자는 것 같을 텐데.'

 지금까지 이런 상상은 그냥 머릿속에서 하는 상상으로 끝났어요. 정말 갖고 싶으면 가구 공장에 따로 주문을 넣을 수도 있겠지만, 매장에서 파는 기성 제품들보다 더 비싼 값을 치러야 할 거예요.

 인터넷과 가구 거리를 여러 날 뒤지며 최대한 비슷한 물건을 찾으면 돈을 좀 아낄 수는 있겠지만, 상상과 완벽히 똑같은 물건을 찾는 건 불가능해요.

 그런데 3D 프린터만 있으면 이런 상상은 현실이 될 수 있어요. ==3D 프린터는 입체 물건을 찍어 낼 수 있는 프린터==예요. 만들고 싶은 물건 모양을 입력하면 종잇장처럼 얇은 재료를 쌓아 올려서 모양을 만

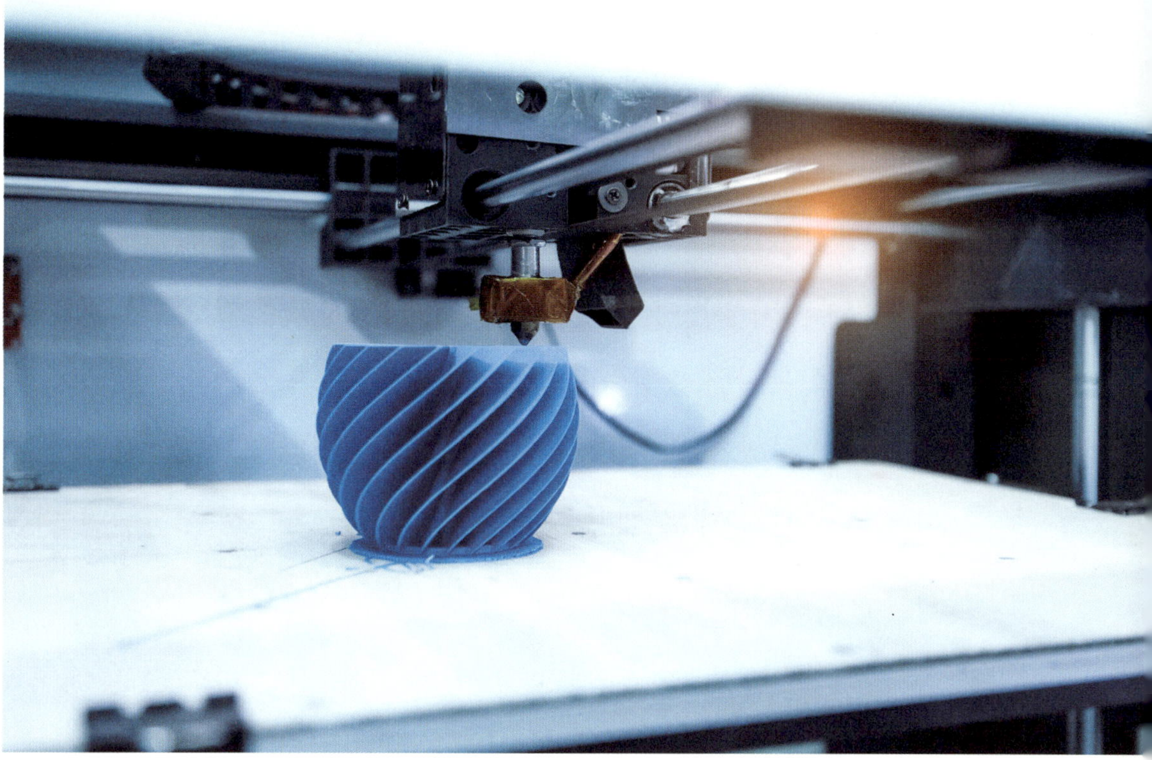

 3D 프린터로 입체 모형을 만드는 모습이에요.

들어 줘요. 이걸 이용하면 엄청나게 기술이 좋은 장인이 몇 달을 걸려 만들던 제품을 하루 이틀 만에 뚝딱 만들어 낼 수 있어요.

이때, 내 머릿속에 있는 물건이 어떤 것인지 3D 프린터에게 정확히 설명하는 게 중요하겠지요? 바로 '코딩'으로 3D 프린터가 이해할 수 있는 언어로 풀어서 알려 줘야 한답니다. 그러니까 3D 프린터가 있고 코딩만 할 줄 안다면 누구나 원하는 물건을 척척 만들어 낼 수 있게 되는 거예요. 3D 프린터만 있으면 나만의 공장이 집 안에 생기겠네요!

이걸 활용하면 어린이 여러분들도 멋진 사업가가 될 수 있는 길이 열려요. 사람들의 지갑을 열 수 있는 좋은 아이디어가 있다면 고민하지 않고 3D 프린터로 찍어 내기만 하면 되니까 말이에요. 지금처럼 큰돈을 투자해 공장부터 만들고 기계를 사지 않아도 되니까 물건이 팔리지 않았을 때 떠안아야 하는 위험도 거의 없어요. 물론 물건이 잘 팔리면 그때는 대량 생산을 위한 커다란 공장을 만들면 되겠지요?

코딩, 컴퓨터 언어로 말하기

코딩은 내가 원하는 작업을 컴퓨터나 3D 프린터가 알아들을 수 있게 설명하는 일이에요. 우리가 물건을 만드는 장인들에게 작업을 부탁할 때는 "원통 모양 칫솔 꽂이를 만들고 칫솔을 꽂는 구멍을 3개만 만들어 주세요."라는 인간의 언어로 이야기를 하면 돼요. 하지만 3D 프린터는 이렇게 말을 하면 알아들을 수가 없어 컴퓨터의 언어로 설명을 해 줘야 한답니다.

인간의 언어가 한국어뿐 아니라 영어, 일본어, 중국어처럼 여러 가지 종류가 있는 것처럼 컴퓨터가 알아들을 수 있는 프로그램 언어도 종류가 다양해요. C언어, 자바, 파이선 등이 대표적인 언어랍니다. 앞으로 이런 언어를 알고 컴퓨터와 대화할 줄 아는 건 외국인들과 이야기하기 위해 영어를 배우는 것만큼이나 중요한 일이 될 거예요. 몇 년 전부터 학교에서 코딩을 가르치는 것도 이러한 이유 때문이랍니다.

현실과 상상의 벽을 허무는 증강 현실

'우리 학교 운동장에 사는 피카츄, 집 앞 공원에 사는 잉어킹.'

모바일 게임 '포켓몬 고'는 우리가 살고 있는 현실에 인기 만화 영화인 '포켓몬'에 나온 캐릭터들이 살고 있다는 설정으로 지구촌에서 선풍적인 인기를 끌었어요. 포켓몬을 잡느라 출입 금지 구역에 사람들이 들어가거나 차를 갑자기 세워서 교통사고가 나는 등, 사회 문제를 일으킬 정도였어요.

포켓몬 고는 가상 이미지를 현실에 구현해 가상 물체가 마치 실제 현실에 존재하는 것처럼 보여 주는 기술을 바탕에 두고 있어요. 이런 기술을 '증강 현실AR'이라고 해요. 게임을 해 본 친구들이라면 증강 현실이 무엇인지 금방 이해할 수 있을 거예요.

증강 현실 기술은 이미 게임을 넘어 우리 생활에 유용하게 쓰이고 있어요. 여러분 방에 놓을 새 책상을 샀는데 막상 들여 놓고 보니 머릿속으로 생각한 것만큼 어울리지 않아 실망한 기억이 있나요? 이런 상황을 막으려고 요즘 가구 회사들은 증강 현실 기술로 소비자들이 모바일 기기를 통해 제품들을 집 안에 놓아 잘 어울리는지 볼 수 있도록 하고 있어요.

또한, 현실에 없는 가상 세계를 구현하는 '가상 현실VR'은 그 쓰임

증강 현실, AR

가상 현실, VR

새가 증강 현실보다 더욱 넓어요. 새로운 자동차를 만드는 과정을 한번 상상해 볼까요? 최첨단 기술이 담긴 수만 개의 부품을 일일이 만든 후, 조립해 자동차로 만들어 성능을 시험하는 건 많은 돈과 기술, 시간이 필요한 일이에요. 그래서 현대자동차나 폭스바겐처럼 돈과 인력을 충분히 갖춘 회사가 아니라면 감히 자동차 개발을 할 꿈도 꿀 수 없지요.

그런데 가상 현실로 먼저 차를 만들어 볼 수 있다면요? 자동차 디자인이나 색깔을 바꾸고 다른 소재나 형태의 부품을 시험해 보는 것은 현실에서보다 훨씬 자유로울 거예요. 가상 현실로 만들어 본 제품 중에서 정말 괜찮은 것만 실제 제품으로 만들어서 성능을 시험해 보면 제품 개발에 드는 비용도 줄어들 테고요. 이처럼 가상 현실 기술을 이용하면 제품을 구상해 시제품을 만들고 성능 테스트를 해서 신제품이 우리에게 판매되기까지 들어가는 시간과 비용이 크게 줄어들 거예요.

앞으로 미래에는 3D 프린터와 가상 현실과 증강 현실 기술을 이용해 개인 취향에 딱 맞는 자동차를 만드는 소규모 자동차 회사들이 나타날 거예요. 산업 분야 전문가들은 앞으로 제조업이 규격화된 물건을 대량으로 만들던 구조에서 다양한 종류의 물건을 소량으로 만들 거라 기대하고 있어요. 여러분은 어떻게 생각하나요?

'나만의 공장'을 갖는 시대

로봇이 바꾼 공장 풍경 '스마트 공장'

영화 《아이언맨》에서 주인공 토니 스타크는 '아이언맨 수트'를 개발했어요. 아이언맨 수트를 입으면 하늘을 날을 뿐 아니라 수천 kg의 집채만 한 바윗돌을 들 수 있을 만큼 힘이 세져요. 평범한 몸을 가진 인간도 아이언맨 수트만 입으면 로봇처럼 강하게 되는 거예요.

앞으로 아이언맨 수트처럼 '입는 로봇'은 영화에서만이 아니라 우리 생활에서도 쉽게 만나게 될 거예요. 화재 현장이나 전쟁처럼 극한의 환경에서 일하는 소방수, 군인뿐 아니라 더럽고_{dirty} 어렵고_{difficult} 위험한_{dangerous} 3D 작업을 하는 공장 노동자들이 쓸 수 있는 다양한 종류의 '입는 로봇'이 개발 중이거든요. '입는 로봇'이 있으면 누구나 슈퍼맨이나 아이언맨처럼 엄청난 괴력의 소유자가 될 수 있어요.

예를 들어 요즘 독일에서는 장갑처럼 생긴 '입는 로봇'을 개발하고 있어요. 이건 노동자들을 위험한 작업에서 보호해 줄 뿐 아니라 노동자들이 평소와 다르게 작업을 하면 X 표시를 내어 이상하다는 사실을 알려 준대요. 이러한 '로봇 장갑'은 공장에서 처음 일하는 사람들도 10년 일했던 사람처럼 능숙하게 일할 수 있도록 실수를 막아 줄 거예요. 또, 사람이 팔다리를 움직이면 그대로 움직이는 로봇도

현대자동차 그룹에서 만든 입는 로봇이에요. 3명이 들어 올려야 하는 전동차 문을 한 사람이 번쩍 들어 올릴 수 있을 만큼 힘이 세져요.

개발 중인데, 이 로봇이 상용화되면 사람 손이 닿을 수 없는 높은 곳에 있는 물건도 아주 간편하게 척척 옮길 수 있어요.

로봇 움직임이 정교해지면서 공장에서 사람 손재주가 필요했던 일들을 로봇이 대신하는 일이 많아질 거예요. 벌써 지휘자처럼 양팔을 자유자재로 사용하는 산업용 로봇이나 사람처럼 유연하게 걸어갈 수 있는 로봇들도 개발되었거든요. 이런 추세라면 앞으로 20년 뒤에는 '로봇 춤'이 직각으로 움직이는 딱딱한 동작에서 연체동물처럼 자유롭게 몸을 움직이는 동작으로 바뀔지도 모르겠네요!

이런 로봇들은 오늘날 공장 풍경도 바꿔 놓을 거예요. 부속품들이 컨베이어 벨트에 놓여 순차적으로 제품이 완성되는 것이 아닌, 한 자리에서 만능 로봇 한 대가 부품을 조립하고 용접하고 잘 작동하는지 시험까지 해 보는 모습으로 작업 환경이 바뀌겠네요!

나만의 공장을 가질 수 있어요

3D 프린터, 가상 현실과 증강 현실 기술, 스마트 공장 덕분에 우리가 물건을 만들고 소비하는 방식이 지금과는 완전히 달라질 거예요.

지금까지 공장에선 기계 한 대로 여러 종류의 물건을 만들지 못했어요. 그래서 새로운 제품을 만들려면 기계를 바꿔야 해서 돈이 많이 들었어요. 결국 많은 회사들은 여러 사람의 다양한 취향에 맞추기보단, 많은 사람들이 만족할 만한 제품을 만들고 이걸 최대한 많이 파는 전략을 택하고 있어요. 애플이나 삼성전자가 새로운 휴대 전화를 내놓는 방식을 생각하면 이해가 쉬울 거예요. 이렇게 물품을

대량으로 만드는 사업을 '제조업'이라고 하는데, 그동안 제조업은 큰 공장을 지을 수 있고, 전 세계를 상대로 장사할 수 있는 대기업 위주였어요. 아무래도 규모가 작은 신생 기업들은 불리한 게임을 펼쳐야만 했지요. 그런데 앞에서 살펴본 새로운 기술들은 모두 제품을 개발하고 생산하는 걸 쉽게 해 주는 기술들이에요. 가상 현실 기술을 이용하면 제품을 설계하고 제대로 작동하는지 시험해 보는 데 들어

가는 시간과 비용을 줄일 수 있어요.

수십만 원이면 살 수 있는 3D 프린터만 있으면 커다란 공장을 따로 짓지 않아도 원하는 물건을 만들어 낼 수 있어요. 인간처럼 정교하게 움직이는 산업용 로봇과 입는 로봇을 이용하면 우리 집 거실도 충분히 스마트 공장이 될 수 있어요.

이제는 제조업을 자본력을 가진 대기업만이 하는 것이 아니란 뜻이에요. 또한, 앞으로 시장에는 소비자들의 취향에 따른 다양한 제품들이 나올 거예요. 한발 더 나아가 아예 소비자에게 주문을 받아 제작하는 맞춤형 제품을 파는 곳이 늘어날 거예요. 그래서 다양한 종류의 물품을 소량으로 만드는 '다품종 소량 생산'과 주문 받아 만드는 '주문형 생산'이 흔해질 거예요.

예를 들어 스마트폰을 바꿀 때 제조 회사에 카메라 기종을 따로 선택하고, 자신이 잘 사용하지 않는 기능은 빼서 가격을 조정해 달라고 주문할 수 있다는 거예요. 이렇게 되면 작은 규모의 기업들도 얼마든지 대기업과 경쟁해 고객을 확보할 수 있겠지요?

이처럼 생산과 소비 방식이 바뀌면 일자리 모습도 함께 바뀔 거예요. 지금까지는 좋은 아이디어가 있어도 사업으로 구체화하려면 많은 자본이 필요했어요. 그러다 보니, 사업을 실패할까 봐 두려워서 안정적인 회사에 들어가는 사람이 많았어요. 그러나 적은 돈으로도

쉽게 나만의 공장을 지을 수 있다면, 아이디어를 가진 사람들이 자기만의 사업을 쉽게 꾸릴 수 있게 된답니다.

4차 산업 혁명으로 불어온 제조업의 변화는 단순히 기계에 일자리를 빼앗기는 것만이 아니에요. 새로운 자기만의 공장을 만들 수 있는 기회이기도 하답니다.

"고장 날 것 같으면 미리 알려 줄게요."

"열이 나고 몸이 으슬으슬 떨리는 게 감기에 걸린 것 같아요."

학교에서 열심히 공부를 하다가 몸이 이상하면 우리는 선생님에게 이렇게 말해요. 그러면 선생님은 우리가 보건실 침대에 누워 잠시 쉴 수 있게 해 주세요. 제때 휴식만 잘 취해도 가벼운 감기는 더 큰 병으로 커지지 않고 금방 낫지요.

반대로 몸이 아프다고 말을 할 수 없어 무리를 하면서 계속 공부를 했다면 어떨까요? 힘들어서 제대로 공부가 안 되는 건 물론이고 더 큰 병에 걸려 병원 신세를 져야 될 거예요. 오랫동안 학교를 쉬다가 다시 나오면 수업 진도를 따라잡기 위해 또다시 무리를 해야 해요. 악순환이 계속 이어지는 셈이지요.

공장에 있는 기계도 사람과 마찬가지예요. 나사가 헐거워지고 고무가 닳아 없어지기 전에 나사를 조여 주고 고무를 갈아 끼워 주면 기계를 고장이 나지 않고 오래 쓸 수 있어요. 그런데 공장에 있는 기계는 어디가 아프고 불편하다고 말할 수가 없었어요. 그래서 지금까지 공장에 있던 기계들은 끊임없이 물건을 찍어 내다가 어느 날 고장이 나 버리기 일쑤였어요.

공장 직원들은 수시로 기계를 점검해야 했는데 그 일은 아주 번거로웠어요. 점검하는 동안에는 공장에서 기계를 돌릴 수가 없었고요. 하지만 제때 정비를 하지 못하면 기계가 고장이 나 버려서 짧게는 며칠에서 길게는 수개월 동안 물건을 만들지 못해 곤란한 상황에 처하기도 했어요.

그런데 로봇이 차지하게 될 미래 공장에서는 '고장'이라는 단어를 찾아보기가 어려워질 거예요. 공장에 있는 로봇들이 모두 통신망에 연결돼 있다가 스스로 상태가 이상하면 중앙에 있는 컴퓨터에 "정비가 필요해요."라고 알릴 테니까요. 이렇게 ==통신망을 통해 기계와 기계, 기계와 인간이 소통하는 걸 '사이버 물리 시스템'==이라고 부릅니다.

이제 사람들은 컴퓨터를 보며 상황을 살피다 문제가 있다고 알리는 기계들만 제때 관리를 해 주면 돼요. 제때 휴식을 취해 큰 병을 막은 여러분들처럼 이상을 미리 알린 로봇들이 갑자기 멈춰 서는 일

사이버 물리 시스템이 적용된 '스마트 공장'에서 직원이 컴퓨터로 로봇 팔의 상태를 확인하고 있어요.

도 크게 줄어들겠지요?

어려운 일은 로봇에게 맡겨 버리고 로봇들이 스스로 몸이 아프다는 사실을 알리는 미래의 공장은 정말로 '스마트'하지요?

함께 토론해요

가난한 나라들이 잃어버린 기회

한동안 우리나라는 기업 공장들이 외국으로 빠져나가는 걸 걱정했어요. 물건을 만들려면 사람들이 일을 해야 하는데 중국, 베트남, 멕시코 같은 나라에선 우리나라보다 훨씬 낮은 임금으로 일할 사람을 구할 수 있어요. 그래서 우리나라만 아니라 세계 여러 나라에서 노동력이 싼 나라에 공장을 많이 지었어요.

그런데 스마트 공장이 많아지면 기업들은 더 이상 싼 노동력을 찾아 외국에 나가지 않아도 돼요. 스마트 공장에서는 로봇이 일을 하기 때문에 많은 사람이 일하지 않아도 되거든요. 게다가 코로나19 같은 전염병이 번지고 전쟁이 터져서 바닷길과 하늘길이 막히거나, 석윳값이 올라서 물건을 옮기는 데 들어가는 비용이 갑자기 늘어나는 돌발 상황까지 생각하면 차라리 자국에서 물건을 만드는 게 나아요.

그래서 요즘은 외국에 세운 공장을 다시 자기 나라로 옮기는 '리쇼어링 re-shoring'을 생각하는 기업들이 많답니다. 리쇼어링이 가장 활발하게 나타나는 나라는 세계에서 가장 잘사는 나라인 미국이에요. '리쇼어링 이니셔티브'라는 단체가 만든 자료를 보면 2019년

약 1,100개, 2020년 약 1,500개 기업이 해외에 있던 공장을 미국으로 옮겨 왔다고 해요. 덕분에 미국에 있는 공장에서 일하는 자동화 로봇의 수도 빠른 속도로 늘어나고 있어요.

그런데 이런 리쇼어링을 보며 생각해 봐야 할 문제도 있어요. 가난한 나라들은 경제 발전을 이룰 수 있는 기회가 아예 사라지는 이른바 '사다리 걷어 차기' 현상이 생기는 거예요.

"한국에서 민주주의가 꽃 피기를 기대하는 것은 쓰레기통에서 장미꽃이 피길 기대하는 것이나 같다."

우리 민족이 남한과 북한으로 갈라져 한창 한국 전쟁을 벌이고 있던 1952년, 영국의 한 종군 기자는 대한민국의 미래에 대해 이렇게 말했어요. 전쟁으로 모든 게 파괴돼 버린 우리나라의 미래를 그만큼 절망적으로 본 것이지요.

다행히 우리나라는 이후 눈부신 경제 발전을 이뤄 전 세계에 '메이드 인 코리아'를 파는 나라로 탈바꿈했어요. 이런 발전

은 하루아침에 이뤄진 것은 아니랍니다. 1960년대만 해도 별다른 기업이 없었던 우리나라는 싼 임금을 무기로 외국 기업 물건을 대신 만들어 주면서 돈을 벌었어요. 마치 지금 중국, 베트남 같은 나라에서 우리나라 제품을 만들어 주는 것처럼 말이에요. 그러면서 차차 우리나라만의 브랜드를 만들기 위한 기술을 개발하고 힘을 기르면서 지금 이 자리까지 오게 된 거지요.

하지만 우리나라의 성공 스토리는 가난한 나라들에게는 불가능한 도전이 됐어요. 4차 산업 혁명과 함께 기업들이 가난한 나라를 찾아갈 이유가 사라졌으니까요. 4차 산업 혁명이 선진국 노동자들에게 새로운 기회를 열어 주었는데, 기술을 가르치고 간단한 장비를 살 돈조차 없는 가난한 나라의 기회는 오히려 빼앗아 갔군요. 물론 외국 기업들의 공장이 환경 오염, 빈부 격차 같은 또 다른 문제를 낳을 수 있다고 볼 수도 있지만, 성장의 부작용을 걱정하는 것보다는 꿈꿀 기회 자체가 사라져 버리는 게 더 절망적인 일이 아닐까요?

그래서 미국의 IBM은 이런 나라에게 기회를 주고자 아프리카의 주민들에게 4차 산업 혁명의 필수 기술인 스템 STEM, 과학·기술·엔지니어링·수학 지식을 가르치고 있어요. 구글에서는 가난한 나라도 인터넷을 배우고 누릴 수 있도록 태양열로 움직이는 커다란 풍선에 통신 장비를 달아 날리는 '룬 프로젝트'를 하고 있어요.

  4차 산업 혁명 속에서 가난한 나라들이 어떻게 하면 다시 꿈을 꿀 수 있을까요? 우리도 IBM, 구글 같은 회사들처럼 가난한 나라들이 함께 희망을 품을 수 있게 할 수 있는 일들을 생각해 봐요.

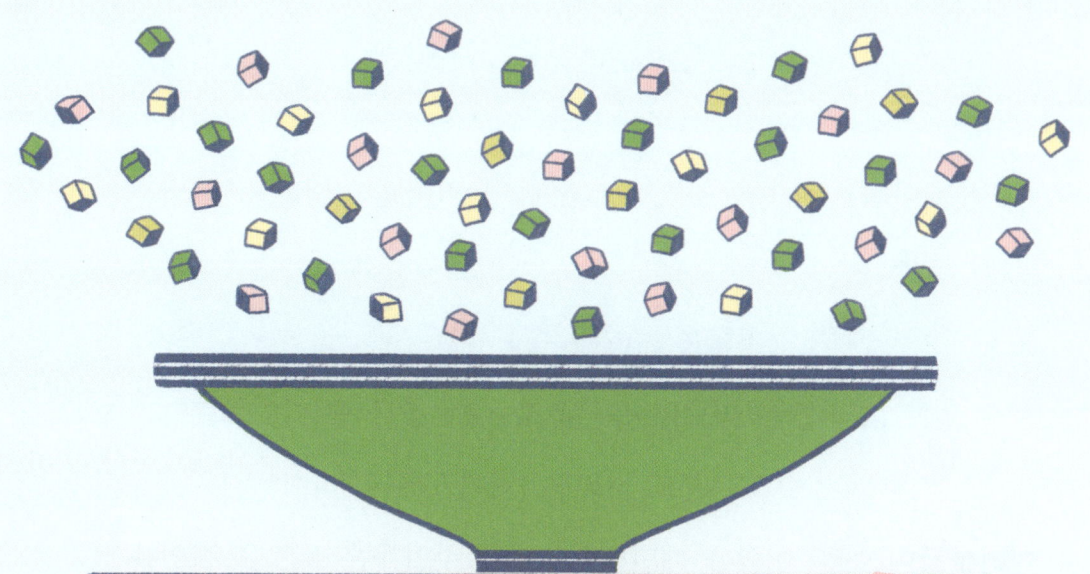

컴퓨터와 통신망이 발전하면서 우리가 하는 일상적인 활동이 디지털 기록으로 남게 됐어요. 모바일로 친구들과 전화를 하거나 문자를 보내고, 인터넷으로 온라인 쇼핑을 하고, 음악을 듣고, 검색을 하는 등, 디지털 기기를 이용한 모든 활동이 데이터로 남는 것이지요. 이러한 데이터를 모은 것을 '빅 데이터'라고 불러요.

빅 데이터는 유행 동향과 소비 패턴 등을 쉽게 알아낼 수 있어서 기업에게 새로운 서비스와 제품을 만들 때 유용하고, 정부는 국민들이 바라는 새 정책을 찾고, 예측되는 문제에 대비할 수 있지요. 하지만 빅 데이터는 양면성이 있어요. 빅 데이터로 개개인의 생활을 감시하고 통제하는 '빅 브라더'가 나타날 수 있거든요. 빅 데이터가 빅 브라더가 아닌 모두에게 이롭게 쓰이려면 어떻게 해야 할까요?

빅 데이터는
4차 산업 혁명 시대의 황금?

여러분들이 아주 어렸을 때만 해도 가게 주인들은 무엇을 팔았는지를 기억하려고 판매 장부에 기록을 했어요. 물건값을 받을 때는 일일이 계산기를 두드려 금액을 알려 줬지요. 계산은 보통 현금으로 이뤄졌어요. 그래서 여간 꼼꼼하게 메모를 하는 주인들이 아니고서는 어떤 물건을 누구에게 얼마나 팔았는지에 관한 정보는 대부분 사라져 버리고 말았어요.

하지만 요즘에는 대형 마트나 편의점은 물론이고 작은 음식점을 가도 계산을 할 때 '포스(P.O.S, Point-of-sale)' 프로그램을 사용하는 곳이 많아요. 우리가 산 물건 가격이나 종류, 물건을 산 시간이나 수량 등의 쇼핑 정보가 기록으로 남는다는 거지요. 또, 나중에 물건을 판 내역을 컴퓨터에서 모아 볼 수도 있어요. 오프라인 쇼핑도 이 정도인데 11번가, 쿠팡 같은 온라인 쇼핑몰에서는 당연히 더 많은 기록이 남을

거예요. 내가 살까 말까 고민하며 살폈던 제품이나 장바구니에 담겼다 빠진 제품이 무엇인지까지 말이에요. 현금이 아닌 체크 카드나 전자 화폐 같은 결제 수단을 사용하는 경우도 늘어났는데 이렇게 되면 금융 회사들도 곧바로 나의 구매 기록을 파악할 수 있어요.

이렇게 다양한 곳에서 차곡차곡 기록된 자료들은 '빅 데이터Big Data'라고 불려요. '크다'는 뜻의 '빅'이 이름에 붙어 있는 것처럼 자료의 양이 어마어마하게 많답니다. 예전에는 존재하지도 않았고, 있어도 컴퓨터 성능이 낮아 분석할 수 없었던 빅 데이터는 이제 4차 산업 혁명을 여는 최고의 핵심 기술로 꼽힌답니다. '4차 산업 혁명 시대의 황금', '21세기의 천연자원'과 같은 별명까지 붙을 정도예요.

한번 자신이 네이버와 같은 포털 사이트를 운영하는 기업가라고 상상해 보세요. 수천만 명에 이르는 회원들 데이터를 분석해 보니 밤 9시쯤엔 10대 청소년 계정에서 옷, 신발 같은 패션 관련 아이템 검색이 늘어난다는 걸 알았어요. 학교에서 막 수업을 마쳤을 오후 3시쯤에는 빵, 케이크 같은 달콤한 디저트 검색이 많다는 걸 발견했지요.

이때 똑똑한 사업가라면 어떻게 할까요? 밤 9시에는 패션 상품 광고를 올리고, 광고를 누르면 바로 물건을 파는 온라인 쇼핑 사이트와 연결해 줄 거예요. 오후 3시에는 맛있는 디저트 광고를 올리고 광고를 누르면 디저트를 살 수 있는 쇼핑몰과 연결되도록 할 거예요. 이렇게 사람들 동향을 파악해 광고를 내보내면 물건을 구매할 확률이 훨씬 높아질 거예요.

이처럼 빅 데이터를 잘 살피면 과거 정보에서 흐름을 읽어 미래에 활용할 길이 열려요. 여기에 맞춰 서비스를 제공했을 때, 성공할 확률도 높아지겠지요?

빅 데이터가 앞당긴 백화점의 위기

18세기 1차 산업 혁명으로 대량 생산이 본격화된 이후 지금까지 '최고의 유통 채널'이라는 위상을 지닌 건, 백화점이었어요. 백화점은 단순히 물건을 사는 공간을 넘어 유행을 가장 빠르게 고객들에게 소개하는 문화 공간이라는 독특한 역할도 담당했답니다.

그런데 백화점이 10년 뒤에도 지금 같은 위상을 가지고 있을지는 장담할 수 없어요. 도무지 꺾일 것 같지 않던 백화점 매출과 이익이 최근 몇 년 사이 뚝뚝 떨어지기 시작했거든요.

백화점의 위기는 온라인 쇼핑이라는 새로운 유통 채널이 등장한 데서 출발했어요. 언제 어디에서나 컴퓨터나 스마트폰으로 정보를 찾아보고 쇼핑을 할 수 있게 되면서, 소비자들이 굳이 백화점에 갈 필요가 없어졌어요.

빅 데이터는 이런 백화점의 몰락을 더욱 앞당길 수 있어요. 요즘 온라인 쇼핑몰들은 과거 구매 기록, 비슷한 연령대와 생활 패턴을 가진 사람들 검색 기록을 바탕으로 개별 소비자가 관심을 가질 만한 상품이 무엇인지 찾아낼 수 있어요. 그래서 우리가 쇼핑몰에 접속하면 관심 상품들을 첫 페이지에서 먼저 쭉 보여 줘요. 모든 사람에게 매장 입구부터 맞춤형 쇼룸(상품 진열실)을 보여 주는 셈이지요. 이와 달리 백화점은 모든 고객에게 똑같은 쇼룸을 보여 줄 수밖에 없어요. 매장 구성이나 백화점에 들어오는 브랜드를 개별 고객에 맞춰 바꿀 수 없으니까요.

아무래도 손님들은 자기 입맛에 맞는 온라인 쇼핑몰을 백화점보다 더 많이 이용할 거예요. 백화점이 위기를 이겨 내기 위해 앞으로 어떻게 진화할 건지, 한번 지켜볼까요?

'에너지 지킴이'가 된 빅 데이터

 빅 데이터를 기업이 활용하는 경우를 이야기했는데요, 빅 데이터를 활용할 분야는 정말 무궁무진해요. 국가에서 새로운 정책을 입안할 때는 물론 질병을 예측할 때에도 빅 데이터를 활용해 예방할 수 있어요. 그리고 또 하나, 오늘날 큰 위기를 맞고 있는 에너지를 관리하는 분야에서도 빅 데이터를 쓸 수 있어요.

 지금까지 인류는 1, 2, 3차 산업 혁명을 거치면서 석유, 석탄과 같은 화석 연료를 마음껏 사용해 지구를 아프게 했어요. 사람들은 성장과 발전에만 관심을 갖고 있었지 자연이 파괴되는 것에는 큰 관심을 갖지 않았지요. 1997년에 선진국을 중심으로 온실가스 배출을 줄이자는 '쿄토 의정서'라는 약속을 만들었지만 큰 효과가 없었어요. 그러자 지구 온도가 점점 올라가는 '온실 효과'가 일어나고 '이상 기후' 현상이 점점 심해졌어요. 지구 곳곳에서 엄청난 규모의 홍수와 가뭄, 이상 기온 변화 현상 등이 일어났고 예상하지 못한 강력한 태풍에 도시들이 파괴되었어요.

이에 2015년 말 세계 195개국은 프랑스 파리에 모여 지구를 더 이상 아프게 하지 말자고 뜻을 모았어요. 이 약속을 '파리 협정'이라고 해요. 이후 우리나라는 파리 협정을 지키기 위해 '2050 탄소 중립'을 선언했어요. 2030년까지 온실가스 배출량을 2018년보다 40% 줄이고, 2050년에는 탄소 중립을 이루겠다는 목표를 세운 거예요. 탄소 중립은 사람들이 활동하면서 배출하는 탄소를 최대한 줄이고, 남은 온실가스는 나무를 심거나 탄소 포집 장치(CCUS, 산업 활동에서 나온 탄소를 공기 중으로 배출하기 전에 모아서 안전한 시설에 저장하거나 다른 곳에 다시 활용하는 장치)로 흡수해 모두 없앤 상태를 뜻해요. 다시 말해 우리나라의 실질적 탄소 배출량을 '0'으로 만들겠다는 것이지요.

그런데 문제가 있어요. 인공 지능, 3D 프린터, 스마트 팩토리 등, 지금까지 살펴본 4차 산업 혁명의 수많은 기술들이 우리 눈앞에 펼쳐지기까지 가장 중요한 건 바로 에너지예요. 에너지가 없으면 그 모든 기술들은 한순간에 멈춰 버리고 사람들은 아무것도 할 수 없는 마비 상태가 될 테

니까요. 그러니까 4차 산업 혁명을 맞아서 우리가 필요로 하는 에너지 사용량은 폭발적으로 늘어날 거예요.

4차 산업 혁명을 맞아 에너지를 엄청나게 많이 사용해야 하는데 에너지를 만들 때 나오는 온실가스와 오염 물질을 줄여야만 한다니. 실컷 놀면서 시험은 잘 보라는 것처럼 모순적인 말처럼 들리지 않나요? 하지만 걱정 마세요. 이때 빅 데이터가 모순을 푸는 위력을 발휘할 거랍니다.

우리가 에너지를 가장 많이 사용할 때는 언제일까요? 아무래도 뜨거운 태양이 내리쬐는 7~8월 오후 시간대에 에너지 소모가 많을 거예요. 열기를 식히려고 너도나도 에어컨을 켤 테니 말이에요. 그래서 전력을 만드는 전기 회사에서는 봄, 가을보다는 여름철에 더 많은 발전기를 돌려서 늘어나는 에너지 소비에 대비한답니다.

지금까지 전기 회사들은 우리가 소비하는 양에 딱 맞춰 전기를 만드는 게 아니라 20% 정도 넉넉한 양으로 만들어 놨어요. 전기 생산은 수요에 맞춰서 갑자기 늘리기 어렵기 때문에, 전기 사용이 갑자기 많아져서 전기가 제대로 공급되지 못하는 사태를 막으려면 이렇게 해야 해요. 바꿔 말하면 생산된 전기의 20%는 제대로 쓰이지 못하고 버려졌다고 볼 수도 있지요.

그런데 우리가 그때그때 달라지는 전기 사용 기록을 가지고 있다면

 빅 데이터를 활용해 에너지 공급량을 낭비 없이 맞출 수 있어요.

어떨까요? 온도, 습도, 바람 세기, 지역 등에 따라 달라지는 전기 사용량을 분석해서 특별한 흐름을 뽑아낼 수 있을 거예요. 예를 들면 온도가 섭씨 30도가 넘어가면 1도가 올라갈 때마다 전기 사용량이 전국에서 100만kW가 늘어나고 집집마다 어떤 사람이 사는지에 따라 달라지는 전력 소비 방식을 알아내는 거지요. 전력이 얼마나 필요할지 미리 예측이 가능하다면 지금처럼 많은 전기를 만들어 둘 필요가 없겠지요? 이처럼 빅 데이터를 잘 활용하면 전력은 더 적게 생산하면서 사람들이 에너지를 풍부하게 사용할 수 있게 해 줄 거예요.

빅 브라더의 탄생, 어떻게 막을까?

"빅 브라더는 당신을 지켜보고 있다."

빅 브라더는 조지 오웰이 쓴 소설 《1984》에 나오는 절대 권력자예요. 소설 속에 나오는 미래 가상 나라 '오세아니아'에는 어느 곳에나 양방향 스크린과 경찰, 스파이가 있어요. 모두 사람들을 감시하고 통제하는 일을 하지요. 이곳 사람들은 빅 브라더의 철저한 통제 아래 살고 있어요. 빅 브라더는 사람들 표정에 숨어 있는 생각까지도 알고 있어요. 소설에서 빅 브라더는 곳곳에 사람들을 감시하고 있음을 알리는 포스터를 붙여 사람들이 섣불리 반기를 들지 못하도록 공포감을 심어 줬어요.

그런데 4차 산업 혁명 시대를 맞이해, 70여 년 전 소설에 처음 등장했던 빅 브라더가 다시 주목을 받고 있어요. 빅 데이터를 가진 자가 새로운 빅 브라더가 될 수 있거든요.

인터넷을 시작할 때 통과하는 문과 같은 포털 사이트나 개개인의 일상 대화가 담겨 있는 모바일 메신저 회사들이 내가 어떤 사람인지 캐기 시작한다면 어떨까요? 아마 내가 좋아하는 사람은 누구고 어떤 친구들과 친한지, 집은 어디고 무엇을 하며 노는 것을 좋아하는지 금방 알아낼 수 있을 거예요. 그동안 찾아본 검색어, 소셜 미디어에 올린 사진과 글, 친구들과 주고받은 메시지를 쭉 훑어보면 되거든요.

물론 네이버, 카카오, 구글과 같은 정보 기술IT 회사들은 우리가 남긴 기록들이 누가 한 일인지 알 수 없도록 암호로 만들어 둬요. 또 기록을 처리할 때는 사람을 거치지 않고 컴퓨터가 자동으로 처리하도록 한다고 주장하고 있답니다. 하지만 이 회사들이 어느 순간 나쁜 마음을 먹거나, 독재자가 기업을 협박해 개인 정보를 빼낼 가능성도 분명히 있어요. 이렇게 하면 빅 브라더처럼 경찰이나 스파이를 동원하지 않아도 원하는 모든 사람의 뒷조사를 할 수 있는 엄청난 힘을 갖게 되는 거예요.

그렇기 때문에 지금까지 살펴봤던 모든 새로운 기술이 그렇듯 정보를 수집하고 이용하는 일도 적절하게 규제를 해야 해요. 빅 데이터를 엄청난 이익을 가져다 줄 '황금'으로만 여기면 어느 순간 우리를 통제할 거대한 '감옥'으로 변해 버릴지도 모르니까요.

한마디를 더 덧붙이자면 어린이 여러분들도 온라인 서비스에 가입할 때마다 동의해야 하는 약관을 꼼꼼히 읽어 보는 습관을 들였으면 좋겠어요. 지금처럼 습관적으로 '예'를 누르지 말고요.

온라인에서 무료로 서비스를 이용하는 대가로 내가 회사들에게 주는 것은 나의 개인 정보거든요. 내가 무엇을 하는지 샅샅이 알고 있는 누군가가 있다면 최소한 이러한 회사들이 나의 개인 정보로 무엇을 하는지는 알아야 하지 않을까요? 우리의 관심만이 빅 데이터가 빅 브라더로 변하지 않도록 통제하는 열쇠랍니다.

여론 조사를 앞지른 빅 데이터

지난 2016년 11월, 전 세계는 충격에 빠졌어요. 미국 대통령 선거에서 '승리는 따 놓은 당상'이라고 여겨졌던 힐러리 클린턴 후보가 패배하고 도널드 트럼프 후보가 당선됐거든요. 클린턴은 전화로 지지하는 후보를 묻고 당선자를 예측하는 여론 조사에서 줄곧 10% 내외로 앞서 있었기에 아무도 이런 결과를 예상하지 못했지요. 여론 조사를 바탕으로 클린턴이 확실히 이길 것이라고 보도했던 방송과 신문들은 독자들에게 반성문을 쓰는 사태까지 벌어졌어요.

하지만 트럼프의 당선 가능성을 알고 있었던 존재도 있었답니다. 바로 빅 데이터예요. 미국 사람들이 사용하는 검색 사이트 구글의 기록을 보니 선거가 가까워질수록 힐러리가 아닌 트럼프를 찾은 사람들이 많아졌어요. 이슬람을 믿는 사람들의 입국을 금지하고 이민자들의 일자리를 뺏어서 미국 사람들에게 돌려주겠다며 노골적으로 인종 차별을 일삼는 트럼프를 지지한다고 차마 대답하지 못한 사람들이 집에 돌아와 트럼프를 검색하며 응원한 게 고스란히 기록으로 남은 거예요.

빅 데이터는 이처럼 우리가 입 밖으로 내지 않는 사람의 속내까지 꿰뚫었어요. 그 능력이 놀랍기도 하고 무섭기도 합니다.

빅 데이터는 누구의 것일까?

　빅 데이터는 주로 사람들이 소셜 미디어, 쇼핑몰, 병원, 지하철, 전기 등을 사용하면서 남긴 엄청나게 많은 개인 정보를 모은 거예요. 이제 막 다양한 방법으로 활용되기 시작한 빅 데이터 주인은 시간과 노력을 들여 이런 정보를 모은 기업이나 정부랍니다. 현대 사회에선 음악과 소설과 같은 지적 생산물은 시간과 노력을 들여 만든 창작자를 주인으로 인정해 줬으니, 빅 데이터에도 같은 논리가 적용된 거예요. 물론 빅 데이터를 통해 돈을 버는 것도 빅 데이터 주인들이지요.

　그런데 빅 데이터는 전통적인 지적 생산물과 큰 차이가 있어요. 음악이나 소설은 아무것도 없는 상태에서 작가가 열심히 머리를 써서 새로운 것을 만들어 내는 거예요. 한마디로 작가가 무에서 유를 창조하는 것이니까 아무도 작가가 지적 생산물의 주인이라는 데 이견이 없었답니다.

　반면에 빅 데이터는 기업이나 정부가 완전히 새로운 걸 만들어 낸 게 아니에요. 빅 데이터의 원재료는 수많은 개인 정보이고, 개인 정보는 엄연히 여러분이라는 주인이 있어요. 기업이나 정부는 단지 이러한 수많은 개인 정보를 모은 것일 뿐이지요.

　그런데도 기업이나 정부가 지금처럼 빅 데이터에서 나오는 모든 이익을 독차지하는 게 맞을까요? 빅 데이터를 가진 기업들은 점점 공룡이 되고 원재료인 개인 정보 주인들은 빅 데이터로 사생활을 침해당하거나 성공의 기회를 빼앗길 수 있는 데 말이에요.

　패션에 관심이 있는 한 청년이 온라인 의류 쇼핑몰을 연다고 생각해 볼까요? 청년은 막연히 '다른 사람들은 이걸 좋아할 거야.'라는 생각에 따라 판매할 옷들을 고를 수밖에 없어요. 반면 전 세계에서 가장 큰 온라인 쇼핑몰인 아마존은 달라요. 지금까지 우리가

다른 옷을 산 기록을 보고 패션 취향, 사이즈 등을 알아내서 여기에 맞춰 옷을 추천해 줄 수 있어요. 결과적으로 사람들은 내 취향에 정확히 맞춰 주는 아마존에서 옷을 사게 되고 청년이 만든 작은 쇼핑몰은 경쟁에서 질 확률이 높아질 거예요. 청년도 분명 아마존이 빅 데이터를 만드는 데 자신의 개인 정보를 제공했을 텐데도 불구하고, 빅 데이터를 사용할 권리는 갖지 못하니까요.

그래서 어떤 사람들은 정부는 물론 구글, 아마존 같은 기업들이 갖고 있는 빅 데이터를 모두가 공평하게 쓸 수 있도록 개방해 달라고 요구하고 있어요. 아예 개인에게 개인 정보를 관리할 수 있는 권리를 주고, 빅 데이터를 만들고 싶어 하는 사람들에게 이걸 팔 수 있도록 하자고 주장하는 사람들도 있답니다. 빅 데이터 재료가 된 개인 정보의 주인들 권리도 인정해 주자는 거예요.

물론 어떤 방법이 좋을지는 사회적으로 논의가 필요해요. 빅 데이터를 누구에게나 개방해 주면 누군가 나쁜 목적으로 이걸 사용할 수 있는 가능성이 더욱 늘어나겠죠. 빅 데이터를 사고팔 수 있도록 하면 많은 개인 정보를 살 수 있는 큰 기업들과 부자들이 돈으로 이걸 다 차지해 버릴 거라는 문제도 있어요.

'4차 산업 혁명 시대의 황금'은 어떻게 나눠 갖는 게 가장 합리

적인 걸까요? 개인 정보의 주인인 우리는 빅 데이터에 대한 권리를 어떻게 행사하는 게 맞을까요? 빅 데이터를 사용하기에 앞서 여러분도 빅 데이터를 사용할 권리에 대해 깊게 생각해 봐요.

4
물건은 소유가 아닌 공유하는 것

지난 2011년 미국 시사 주간지 타임은 공유 경제를 '세상을 바꿀 수 있는 아이디어'로 꼽았어요. 이미 생산된 물건을 다른 사람들과 나눠 쓰는 '공유' 개념은 대량 생산된 물건을 각자가 차지하는 현대 소유 개념과 반대되는 것이지요. 그래서 공유 경제는 소비하고 소유한다는 일반적인 공식이 깨지면서 새로운 세상을 만들어 낼 거예요. 대량 생산과 대량 소비가 특징인 자본주의 삶의 방식이 변하면서 놀고 있는 자원을 효율적으로 사용할 길이 열리게 되는 것이지요. 공유를 가능하게 하는 플랫폼*을 운영하는 기업들은 전통적인 제조업 기업들을 뛰어넘는 기업으로 커 나갈 거예요.

*플랫폼: 플랫폼은 원래 기차역의 승강장이나 연사들이 연설하는 무대라는 뜻이에요. 하지만 온라인 세상에는 여러 사람을 연결해 주는 공간이라는 의미로 사용되고 있습니다. 11번가나 아마존처럼 구매자와 판매자를 연결해 주는 오픈 마켓, 페이스북이나 트위터처럼 서로 의견을 공유하게 해 주는 소셜 미디어 등이 모두 플랫폼에 속해요.

자전거의 1시간을 삽니다

학교에 갈 때 자전거를 타고 싶은데 자전거가 없다면 어떻게 하지요? 아마 지금까지 여러분은 용돈을 열심히 모으거나 생일처럼 특별한 날에 받는 선물로 내 자전거를 사야겠다는 생각을 했을 거예요.

그런데 막상 자전거를 사고 보면 실제 이걸 타는 시간은 하루에 1~2시간 정도밖에 되지 않아요. 대부분 자전거는 집 앞에 우두커니 서 있지요. 처음 마음먹은 대로 꾸준히 자전거를 타지 않는 경우도 많아요. 고장이 나지 않게 자전거를 계속 정비해 줘야 하고요. 이렇게 생각하면 우리는 고작 몇 시간을 위해 돈과 시간을 허비하고 있네요.

'이럴 바에 차라리 1시간만 자전거를 빌려 탈 수 없을까?'

공유 경제는 이런 아이디어에서 출발한 소비 방식이에요. 2008년 하버드대의 로런스 레식 교수가 처음 제안했어요.

만약 30만 원짜리 자전거를 혼자 갖는 게 아니라 10명이 함께 사

서 쓴다면 어떨까요? 자전거를 타기 위해 한 사람이 써야 할 돈은 3만 원으로 줄어들 거예요. 서로 자전거를 같은 시간에 타지 않도록 사용 시간을 잘 조정하기만 하면 돼요. 대신 나머지 27만 원으로는 놀이동산에도 가고 평소 먹고 싶었던 음식도 먹을 수 있어요. '소비=소유'라는 공식을 버리니까 돈을 훨씬 알차게 쓸 수 있는 길이 열리는군요!

 자원 낭비도 막을 수 있어요. 옷을 공유하는 서비스가 있다고 생각해 볼까요? 드레스나 턱시도는 생일이나 결혼식처럼 특별한 날에 밖에 입지 않는데 어린이들은 키가 금방 쑥쑥 자라기 때문에 사 놓고 몇 번 입지도 못하고 버려지기 일쑤예요. 반면 공유 옷장에서 여러 사람이 꼭 필요할 때만 옷을 빌려 입으면 몇 번 못 입고 작아져서 버리는 옷들이 줄겠네요.

현대자동차의 몸값을 뛰어넘은 우버

공유 경제는 4차 산업 혁명으로 '초연결 사회*'가 다가오면서 엄청난 경제적 가치를 만들어 내기 시작했어요. 옛날에는 빈집과 쓰지 않는 자동차를 빌리고 싶더라도 누구에게 어떻게 빌려야 할지 알 수가 없었어요. 정보를 필요한 때에 바로 나눌 수단이 없었으니까요.

그렇지만 이제는 스마트폰으로 서로 정보를 공유하는 일이 가능해지며 물건을 공유하는 일이 어렵지 않게 됐어요. 그 덕분에 요즘은 공유 경제를 기반으로 수많은 새로운 서비스와 기업들이 생겨나고 있어요. 자동차, 집, 사무실, 주차장, 자전거, 여행용품까지 공유할 수

*초연결 사회: 통신 기술이 발달해 사람, 사물이 모두 네트워크로 연결돼 있어서 서로 빠르게 정보를 주고받는 사회를 뜻합니다.

있는 것들도 다양해요.

　그중에서 공유 경제의 대표 주자로 손꼽히는 건 차를 공유하는 '우버Uber'라는 회사랍니다. 이 회사는 어딘가로 가야 하는 사람들과 차를 소유한 사람들 사이를 연결해 줘서 세계적으로 큰 성공을 거뒀어요. 평범한 사람들이 자기 자가용으로 택시 서비스를 할 수 있게 만든 거예요. 택시를 한 대도 소유하지 않고 전 세계의 자동차를 회사 소속의 택시처럼 활용할 수 있다는 게 이 회사의 힘이지요.

　또 다른 대표 기업인 '에어비앤비Airbnb'는 남는 집이나 집 안의 남는 방을 여행객들에게 빌려줄 수 있도록 연결해 주는데, 이곳에 무려 190여 개국 60만 개가 넘는 숙소가 등록돼 있어요. 에어비앤비는 컴퓨터로 숙소를 서로 빌리고 빌려줄 수 있는 온라인 공간을 만들어서 전 세계 수많은 집을 호텔처럼 사용할 수 있도록 만들어 버렸어요. 힐튼이나 매리엇처럼 유명한 세계적 호텔들도 이만큼 많은 나라에 다양한 종류의 방을 갖고 있지 않으니, 왜 에어비앤비의 가치를 높게 보는지 이해가 가지요?

월세 걱정하던 청년, 억만장자가 되다

"이번 달 월세를 어떻게 내면 좋지?"

미국 샌프란시스코에 살던 브라이언 체스키, 조 게비아라는 두 명의 청년은 잠을 이룰 수 없었어요. 갑자기 오른 월세를 내지 못해, 살 곳을 잃은 처지에 놓였거든요. 그때 두 사람은 도시에서 열리는 대규모 행사 때문에 호텔이 꽉 차서 사람들이 잠잘 곳을 구하지 못해 아우성이라는 소식을 들었어요. 그래서 집 거실에 매트리스 3개를 깔고 간단한 아침을 제공해 돈을 벌어 보기로 했지요. 덕분에 두 청년은 무사히 월세를 낼 수 있었어요.

두 청년은 이러한 경험에서 숙박 공유라는 사업 아이디어를 얻었어요. 남는 방을 빌려주면 여행자들은 싼값에 숙박을 해결할 수 있어서 좋고, 집주인들은 빈방을 활용해 돈을 벌 수 있어 모두가 좋으니까요. 그래서 친구인 네이션 블레차르지크를 끌어들여 함께 2008년 집 공유 서비스 회사 '에어비앤비(Airbnb)'를 만들었어요. 번뜩이는 아이디어가 가난했던 두 청년을 억만장자로 만들었군요!

이 책상은 버리고 침대를 하나 사서 월세로 내놓는 게 어떨까? 그럼 돈도 벌 수 있고, 친구도 새로 사귈 수 있잖아?

공유 경제의 어두운 면

하지만 공유 경제가 마냥 좋은 점만 있는 건 아니랍니다. 새롭게 등장한 소비 방식이다 보니 지금까지 우리가 만들어 놓은 사회 제도들과 많은 부분에서 부딪히거든요. 그래서 공유 경제가 성장하려면 풀어야 할 숙제들도 아주 많아요.

예를 들어 택시 산업은 세계 어느 나라에서나 여러 규제를 받고 있어요. 승객 안전이 중요하니까 운전 실력이 좋은 운전사만이 영업을 할 수 있어요. 또, 정부가 택시 요금을 일정하게 정해서 늦은 밤 바가지요금을 씌우거나 마음대로 승객을 골라서 태우는 행위를 하지 못하도록 막고 있어요.

대신 정부는 규제를 따르는 택시 기사들을 보호해 주는 역할도 해요. 아무나 택시 영업을 할 수 없게 규정을 만들어서 택시 산업 경쟁이 치열해지지 않게 해요. 그래서 택시 기사들이 적당한 금액의 돈을 벌 수 있도록요.

그런데 우버 같은 차량 공유 서비스를 이용해 누구나 택시와 비슷한 서비스를 한다면 어떻게 될까요? 소비자들 입장에서는 탈 수 있는 차가 늘어나 택시 요금이 내려가는 좋은 점이 있을 거예요. 반면 안전사고가 발생할 가능성이 높아질 거예요. 택시는 정부에서 운전

기사의 실력을 선별해 운전할 자격을 주는 것에 비해, 우버는 차 주인이 운전을 잘하는지, 오래되어 고장이 잘 나는 차를 쓰는지 알아보기 힘들거든요.

또, 기존 택시 사업 종사자들도 화가 날 거예요. 힘들게 자격증을 땄고 정부의 여러 규제를 따르고 있는데 세금도 내지 않고 규제도 받지 않는 우버 기사들과 경쟁을 해야 하니까 말이에요.

공유 경제가 우리 사회에 완전히 자리 잡으려면 시간이 필요하답니다. 안전 문제나 전통 산업에서 일하던 노동자들이 받는 피해를 해결하는 게 쉬운 일이 아니거든요. 그래서 공유 경제가 새로운 소비 방식으로 자리 잡기 전에는 부작용을 어떻게 줄일지 먼저 고민해야 한답니다.

공유 경제, 어떻게 규제해야 할까?

지금 전 세계에서 공유 경제가 가장 빠르게 성장하고 있는 나라는 중국이랍니다.

중국 차량 공유업체 '디디추싱'은 미국 애플과 마이크로소프트, 일본 소프트뱅크 같은 세계적인 기업들로부터 줄지어 투자를 받았어요.

중국에서 공유 경제 서비스를 이용해 본 적이 있다는 소비자는 벌써 인구 절반에 가까운 6억 명이라고 해요. 우리나라의 인구가 5천만 명인 걸 생각하면 중국 공유 경제 시장이 얼마나 큰지 가늠해 볼 수 있겠지요?

그런데 중국 공유 경제가 이렇게 빨리 발전하는 건 정부 규제가 느슨하기 때문이에요.

일단 사업 시작을 막지 않고 문제가 생기면 나중에 규제하는 방식으로 중국은 최대한 많은 공유 경제 회사가 생길 수 있도록 하고 있어요. 중국 공유 경제 기업들이 폭발적으로 커지고 있으니 중국 정부의 작전은 어느 정도 성공을 거뒀다고 볼 수 있겠네요.

하지만 그러다 보니 중국에서 공유 경제가 가져오는 부작용도 만만치 않아요. 예를 들어 베이징, 상하이 등 중국 주요 도시에서는 요즘 공유 자전거가 되레 골칫거리가 됐어요.

자기 물건이 아니라는 생각에 사람들이 공유 자전거를 함부로 사용해 고장 낸 뒤 아무 데나 놔둬서 도시를 거대한 쓰레기장으로 만들고 있거든요.

우리나라는 중국과 정반대의 작전을 쓰고 있어요. 우리나라는 공유 경제에 대해 신중하게 접근하고 있거든요. 승용차, 버스, 트럭 등 차량을 공유하는 서비스는 우리나라에서 여전히 강력한 규제를 받고 있어요. 집을 공유하는 에어비앤비도 까다로운 조건을 만족시킨 집에 한해서

만 '공유 민박업'으로 영업을 할 수 있도록 해 줬어요.

그러다 보니 우리나라는 중국처럼 공유 경제로 인한 사회 문제는 상대적으로 많지 않아요. 에어비앤비에 집을 내놓는 사람들이 많아져서 인천 공항과 수도권을 잇는 공항 철도 주변 집값이 올라가고 원래 살던 주민들이 피해를 보는 정도만 피해 사례로 꼽을 수 있겠군요.

대신 잃은 것도 분명히 있어요. 한국 기업들이 중국 공유 기업들처럼 빠르게 세계적 기업으로 성장할 기회도 함께 사라졌거든

요. 오히려 미국, 중국 기업들에 우리나라 시장을 내어 줄 걱정을 하고 있어요.

　이렇게 동전의 양면처럼 장단점이 분명하니 공유 경제 규제를 어떻게 할지 결정하는 건 정말 어려운 문제군요. 4차 산업 혁명 속에서 새로운 아이디어와 기술이 쏟아질 때 중국처럼 과감하게 시장을 열어 주는 게 맞을까요, 우리나라처럼 조심스럽게 접근하는 게 맞을까요. 여러분은 어떤 방법이 더 낫다고 보는지 한번 생각해 봐요.

5
전자 화폐의 시대가 온다

쌀, 옷감과 같은 물품에서 지폐와 동전을 쓰기까지, '돈'은 시대에 따라 여러 모습으로 변했어요. 그런데 4차 산업 혁명으로 '돈'은 다시 한번 변화의 시기를 맞고 있답니다. 지금까지 돈은 눈으로 보고 만지고 확인할 수 있는 실물이었지만 앞으로는 디지털 신호로 만든 전자 화폐가 그 자리를 대신할 거예요. 전자 화폐 시대를 열기 시작한 건 역사상 최초의 가상 화폐라고 불리는 '비트코인'이에요. 비트코인은 위조를 막는 '블록체인'이라는 기술 덕분에 기존 지폐나 동전만큼 안전하다는 명성을 얻으며 '돈은 형태가 있어야 한다.'는 편견을 깨트렸어요.

자, 그럼 앞으로 우리가 만나 볼 전자 화폐의 시대가 어떠할지 함께 살펴볼까요?

쌀에서 전자 화폐까지, 돈의 놀라운 변신!

　지금 여러분은 '돈'이라고 하면 어떤 걸 떠올리나요? 아마 당연히 신사임당, 세종대왕 등 위인 모습이 그려진 종이 화폐 지폐를 제일 먼저 떠올렸을 거예요.

　하지만 사실 돈은 시대에 따라 그 모습이 변했어요. 먼 옛날, 사람들은 서로 필요한 게 있으면 직접 물건과 물건을 교환했어요. 하지만 내가 가지고 있는 물건과 상대방이 원하는 물건이 맞아떨어지는 경우를 찾는 건 정말 어려웠기 때문에, 물건을 직접 주고받는 대신 가치 있는 것을 주고받기로 했답니다. 예를 들면 쌀, 소금, 옷감과 같은 것들이 '돈'과 같은 역할을 대신했지요. 하지만 이러한 물품들은 무거워서 들고 다니는 게 만만치 않았어요. 또 상하거나 녹아 버려서 아무 소용이 없어질 때도 많았고요.

그래서 사람들은 금, 은, 동과 같은 귀금속으로 동전을 만들어 썼어요. 동전은 앞서 말한 물품보다 훨씬 가지고 다니기 편리했어요. 작은 부피에 많은 가치를 저장할 수 있었고, 상하거나 녹아 버리는 일도 없었으니까요.

하지만 동전도 쓰다 보니 불편한 점이 있었어요. 경제 규모가 커지면서 돈을 사용할 일은 늘어나는데 금과 은을 쉽게 구할 수 없다 보니 필요한 만큼 마음껏 동전을 찍을 수가 없었어요. 또, 동전은 많은 양을 한 번에 들고 갈 수가 없을 만큼 무거웠어요.

이런 점을 보완하려고 만든 게 바로 종이로 만든 지폐예요. 가벼워서 들고 다니기도 편하고 필요한 만큼 찍어 내기도 쉬웠어요. 종이 자체에는 가치가 없었지만 지폐를 만들어 낸 나라를 믿고 가치를 저장하고 교환하는 수단으로 인정한 거예요.

그런데 귀금속이나 종이로 만든 돈을 앞으로도 계속 사용하지는 않을 거예요. 4차 산업 혁명으로 달라진 미래에는 실물이 없는, 디지털 신호로 된 전자 화폐가 그 자리를 대신할 가능성이 높으니까요! 과연 만질 수도, 눈으로 볼 수도 없는 전자 화폐를 어떻게 믿고 동전과 지폐 대신 사용할 수 있다는 걸까요?

'비트코인'이 연 전자 화폐의 가능성

미국 플로리다주 잭슨빌에 사는 컴퓨터 프로그래머 '라즐로'는 2010년 5월 인터넷에 이런 글을 올렸어요.

"누구든 피자 두 판을 집으로 가져다줄래요? 그럼 비트코인 1만 개를 줄게요."

그리고 나흘을 기다리자 한 피자 가게에서 라즐로에게 피자 두 판을 배달해 줬어요. 생긴 지 막 1년밖에 안 된 비트코인으로 물건을 바꾼 최초의 사건이 벌어진 거예요. 잭슨빌에서는 이 사건을 기념해 매년 5월 22일 '피자 데이' 행사를 열고 있어요.

아직 우리에게 생소한 비트코인은 전자 신호로 된 가상 화폐랍니다. 비트코인은 2009년 사토시 나카모토라는 가짜 이름을 쓰는 프로그래머가 쓴 '비트코인'이라는 논문을 바탕으로 만들어졌어요. 사토시는 국가가 마음만 먹으면 종이를 마음껏 돈으로 바꿔 버릴 수 있는 데 불만을 느끼고 미리 정해진 수학 규칙에 따라서만 발행되는 비트코인을 만든 거예요.

비록 정체도 알 수 없는 사람이 만들어 내긴 했지만 비트코인은 대단한 장점을 갖고 있어요. 바로 나카모토가 생각해 낸 특별한 보안

기술 때문에 비트코인을 위조할 수 없거든요.

게임에 쓰이는 게임 머니는 이걸 만들어 낸 회사가 망하면 순식간에 사라지기도 하고, 해킹을 당해 가짜 게임 머니가 생길 수도 있지만, 비트코인은 이게 불가능하다는 뜻이에요. 그렇기 때문에 많은 사람이 비트코인이 국가에서 찍어 내는 돈만큼 믿고 사용할 수 있다고 생각하게 됐답니다. 비트코인을 역사상 최초의 가상 화폐라고 부르는 것도 이런 이유 때문이랍니다. 이런 특징을 강조해 가상 화폐를 암호 화폐라고 부르기도 한답니다. 비트코인이 탄생하자 세상에는 나카모토의 아이디어를 발전시킨 가상 화폐들이 쏟아져 나왔어요.

물론 비트코인과 같은 가상 화폐가 국가가 발행하는 화폐를 밀어내고 새로운 교환 수단으로 자리 잡을지는 알 수 없어요. 비트코인 가격은 요즘 하루에도 100만 원이 넘게 왔다 갔다 할 정도라서 '가치 저장'과 '안정적 교환 수단'이라는 기본적인 화폐 역할을 맡기기 어려울 지경이거든요. 오늘 침대를 팔면서 비트코인 1개를 받고 500만 원을 벌었다고 생각했는데, 내일 비트코인 1개의 가격이 400만 원이 되어 버린다면, 과연 누가 마음 놓고 비트코인을 교환 수단으로 쓸 수 있을까요? 이런 비트코인이 모든 돈을 대체해 버리면 세계 경제가 큰 혼란을 겪을 것이기 때문에 각국 정부는 이런 상황을 그대로 놓아두기 어려울 거예요.

하지만 비트코인이 가져온 한 가지 확실한 변화는 돈이 꼭 지폐나 동전처럼 눈으로 보고 만질 수 있는 물질로 만들어져야 한다는 편견이 깨졌다는 거예요. 쌀이나 금처럼 가치를 가진 물질이 아닌 종이를 돈으로 사용한 것과 같은 생각의 변화가 비트코인을 계기로 이뤄진 셈이에요.

이 덕분에 요즘 비트코인을 강하게 통제하고 있는 중국과 러시아 같은 나라에서조차 새로운 법정 화폐*로 전자 화폐를 만들려고 시도하고 있답니다. 비트코인이 우리 실생활에서 널리 쓰일 수 있을지에 대해서는 여러 가지 의견이 엇갈리긴 하지만, 비트코인이 전자 화폐 시대를 앞당기고 있다는 건 분명하답니다.

*법정 화폐: 한 나라가 법으로 인정하는 화폐. 우리나라에서는 원화, 미국에서는 달러가 법정 화폐로 쓰입니다.

비트코인에 생명을 불어넣은 '블록체인'

도대체 비트코인은 어떻게 해킹이나 위조와 같은 사이버 범죄에서 벗어나 가상 화폐의 반열에 오를 수 있었을까요? 바로 나카모토가 만들어 낸 블록체인이라는 기술에 그 비밀이 숨어 있답니다.

우리가 서로 과자를 주고받은 사실을 확실히 증명하려면 어떻게 해야 할까요? 과자를 서로 보여 주면 된다고 하지만 친구가 이걸 먹어 버리고 시치미를 뚝 떼거나 비슷한 과자로 장난을 칠 수도 있는데 말입니다.

이때 반 친구 모두가 이 사실을 각자 가진 공책에 적어 두자고 제안하면 어떨까요? 그리고 30분마다 모두 함께 모여 서로 공책을 확인하는 거예요. 만약 공책이 물에 젖거나 기록이 지워졌다면 친구들이 모였을 때 다른 사람 공책을 얼른 베껴서 내용을 채워 넣어요.

이렇게 하면 누군가 거짓말하기 아주 힘들어져요. '완전 범죄'를 위해서는 반 친구 전체의 공책을 찾아서 몰래 기록을 고쳐야 하거든요. 하지만 한 사람도 아니고 여러 친구 공책에 있는 기록을 30분 안에 바꾸는 건 매우 어려워요. 한두 명의 공책을 고쳤다 해도 친구들끼리 공책을 비교해 보면서 무언가 이상하다는 걸 금방 알아차릴 수 있어요.

모두가 거래 기록을 함께 보고 적는 것. 이것이 바로 비트코인을 보호하는 블록체인의 작동 방식이랍니다.

비트코인 사용자들은 통신에 접속해서 앞선 10분 동안 사람들이 거래된 내용을 '블록'에 담아요. 그리고 모든 사람들이 새 블록을 컴퓨터 속에 있는 예전 블록에 '체인(쇠사슬)'처럼 연결해 저장합니다. 이때 누군가의 컴퓨터에

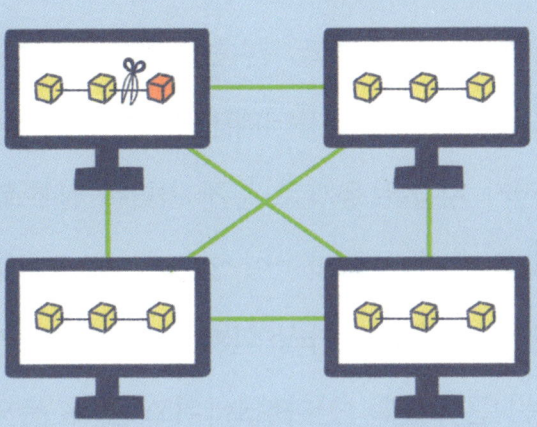

다른 사람이 갖고 있지 않은 블록이 있으면 이걸 자동으로 없애 버려요. 대부분의 사람이 가진 블록이 옳은 거래 기록이고 한두 사람만 갖고 있는 블록은 조작됐다고 보는 거예요. 이 과정을 거치면 거래에 참여하고 있는 모든 사람은 정확한 내용을 컴퓨터에 저장할 수 있게 됩니다.

'완전 범죄'를 막는 블록체인 기술은 요즘 가상 화폐 만큼이나 4차 산업 혁명의 핵심 기술로 더 주목을 받고 있답니다. 비트코인이 가상 화폐로 올라가는 과정을 본 사람들이 블록체인을 다양한 방법으로 활용할 방법을 찾기 시작한 덕분이지요. 예를 들면 지금은 해외에 돈을 보낼 때 2~3일씩 걸리는 데 이 기간을 몇 분 이내로 줄인다거나, 공인 중개사를 거치지 않고 부동산을 직접 사고팔 수 있게 만드는 거예요.

전자 화폐를 담는 전자 지갑

전자 화폐는 우리가 지금 들고 다니는 지갑에는 담을 수가 없어요. 우리 생활에서 전자 화폐가 사용되려면 이걸 담을 전자 지갑도 함께 있어야겠지요. 전자 지갑은 통째로 훔쳐 가거나 함부로 안에 있는 돈을 빼낼 수 없도록 튼튼하게 만들어 안전한 곳에 보관해야 할 거예요. 요즘 심심치 않게 들리는 가상 화폐 해킹 소식이 모두 전자 지갑이 취약해서 생긴 문제예요. 한마디로 '위조 지폐' 문제가 아닌 '지갑 절도' 사건인 것이지요.

그래서 요즘은 안전한 전자 지갑을 만들기 위한 노력도 활발하게 이뤄지고 있어요. 특히 4차 산업 혁명과 함께 발전하고 있는 생체 인식 기술이 전자 지갑을 만드는 핵심 기술이 될 거예요.

생체 인식은 홍채, 지문, 목소리, 얼굴같이 생체 정보를 파악하고 이걸로 비밀번호를 대신하는 기술이에요. 간단히 말하면 내가 곧 지갑을 열 수 있는 열쇠가 되는 거예요. 전자 지갑을 쳐다보는 나의 눈동자, "결제해 줘."라고 말하는 목소리로 전자 지갑을 지킬 수 있다면, 내가 아닌 다른 사람은 절대 지갑을 열 수 없게 되겠지요?

스마트폰을 지문이나 얼굴로 '잠금 해제'할 수 있는 기술이 한 단계 더 발전했다고 생각하면 이해가 쉬울 거예요.

　돈을 내기 위해 전자 지갑을 주머니에서 꺼낼 필요도 없게 될 거예요. '무선 인식RFID칩'이 전자 지갑에 달려서 굳이 지갑을 꺼내지 않아도 알아서 돈이 결제될 테니까요. 예를 들면 기차나 버스 같은 교통수단을 이용할 때, 차에 올라타고 내리는 시점을 자동으로 인식해 요금이 자동으로 빠져나가게 할 수 있는 거예요.

　전자 지갑은 현재는 스마트폰에 많이 보관할 테지만, 앞으로는 몸속에 칩을 넣거나 문신처럼 새겨 넣는 방법을 연구하고 있어요. 이런 기술을 '생체 칩'이라고 한답니다.

　물론 보안을 위해 사람의 생체 정보를 이용하고 몸속에 정보를 담아 두는 기술에 거부감을 가진 사람도 많을 거예요. 돈을 주고받으려고 이런 정보를 국가나 전자 지갑을 만든 회사에 줘야 할 테니까요.

이런 정보를 누군가 나쁜 목적으로 사용하려고 한다면 편리함을 누리는 대가치고는 너무나 큰 재앙이 생기겠지요? 기술을 어떻게 사용할지 결정하는 것은 우리의 몫이니, 전자 화폐를 사용하기에 앞서 무엇을 '열쇠'로 사용하고 어떤 곳에 전자 지갑을 보관하는 게 적당할지에 대해 먼저 생각해 봐야겠네요.

함께 토론해요

가상 화폐 열풍, 21세기 판 '튤립 투기'일까

　요즘 전 세계에서 가상 화폐에 대한 관심은 열풍을 넘어 '광풍'이라고 할 만해요. 세계 최초로 비트코인으로 물건을 산 라즐로가 피자 두 판 가격으로 지급한 1만 비트코인의 가치는 당시 5만 원에도 못 미쳤어요. 하지만 지금 1만 비트코인의 가치는 수천억 원이 됐어요.

　처음 비트코인을 만든 나카모토는 국가가 마음대로 돈을 발행해서, 돈의 가치가 제멋대로 변하는 현상에 불만을 느끼고, 그 해결책으로 비트코인을 만들었어요. 그런 비트코인이 개발한 사람의 의도가 무색할 만큼, 그 가치가 하루에도 엄청난 폭으로 오르내리고 있어요. 큰돈을 벌려고 비트코인에 수천만 원을 쏟아부었다는 사람들의 이야기가 심심치 않게 들려요.

　하지만 너도나도 비트코인 투자에 뛰어드는 현상을 두고 경제 전문가들은 큰 우려를 표하고 있어요. 그래서 비트코인의 인기를 '21세기 판 튤립 투기'라고 경고하기도 합니다.

　17세기 무역으로 큰 부를 쌓은 네덜란드에서는 튤립을 심어 정원을 가꾸는 게 유행이었어요. 튤립은 부의 상징이 됐고 부자들은

　너도나도 더 특별한 튤립을 사기 위해 열을 올렸지요. 덩달아 튤립 가격은 정말 하늘 높은지 모르고 치솟았어요. 한때는 튤립 한 뿌리가 황소 465마리에 맞먹는 가격에 사고 팔리기도 했어요. 정말 말도 안 되는 가격이었지만 그때만 해도 모든 사람이 튤립 가격이 계속 비싸질 것으로 생각했기 때문에 이 가격에도 거래가 곧잘 이뤄지곤 했답니다.

　그러다가 어느 순간 사람들이 정신을 차리자 튤립의 가격은 갑자기 추락하기 시작했어요. 튤립 자체가 지닌 진짜 가치는 엄청난 돈을 낼 만큼 크지 않았거든요. 전 재산을 털어 넣은 튤립 값이 수천분의 일 수준으로 떨어지자 하루아침에 망하는 사람들도 많이 생겼답니다.

　생각해 보면 지금 많은 사람이 가상 화폐가 무엇인지도 모른 체 우후죽순 생겨난 가상 화폐 거래소*들에서 큰돈을 주고 비트코인을 사들이고 있어요. 심지어 우리나라에는 미국이나 스위스처럼 화폐로서 비트코인을 사용할 수 있는 곳이 거의 없는데도 말이에요. 그런데도 사람들이 이렇게 몰려드는 건 아마 가상 화폐 시장을 거대한 도박판 정도로 보고 있기 때문이 아닐까요?

　가상 화폐의 바탕이 되는 블록체인은 분명히 인류의 삶을 바꿀 기술이지만, 지금의 열기가 허황한 욕심과 근거 없는 기대의 결과라면 결코 바람직하다고 볼 수 없어요. 4차 산업 혁명의 바람을 타고 투자로 큰돈을 벌고 싶다면 가상 화폐가 지닌 가치부터 제대로 꿰뚫어 볼 수 있는 눈을 기르는 게 순서일 거예요.

*가상 화폐 거래소: 가상 화폐를 사고팔 수 있는 시장. 가상 화폐를 사고 싶은 사람과 팔고 싶은 사람을 연결해 주는 대가로 수수료를 받아요. 처음에는 국가 관리를 받지 않아 해커들에게 가상 화폐를 빼앗겨 파산하는 일도 생기기도 했지만, 이제 많은 국가에서 가상 화폐 거래소를 관리하기 시작했어요.

6
자동으로 움직이는 자동차와 꿈의 열차

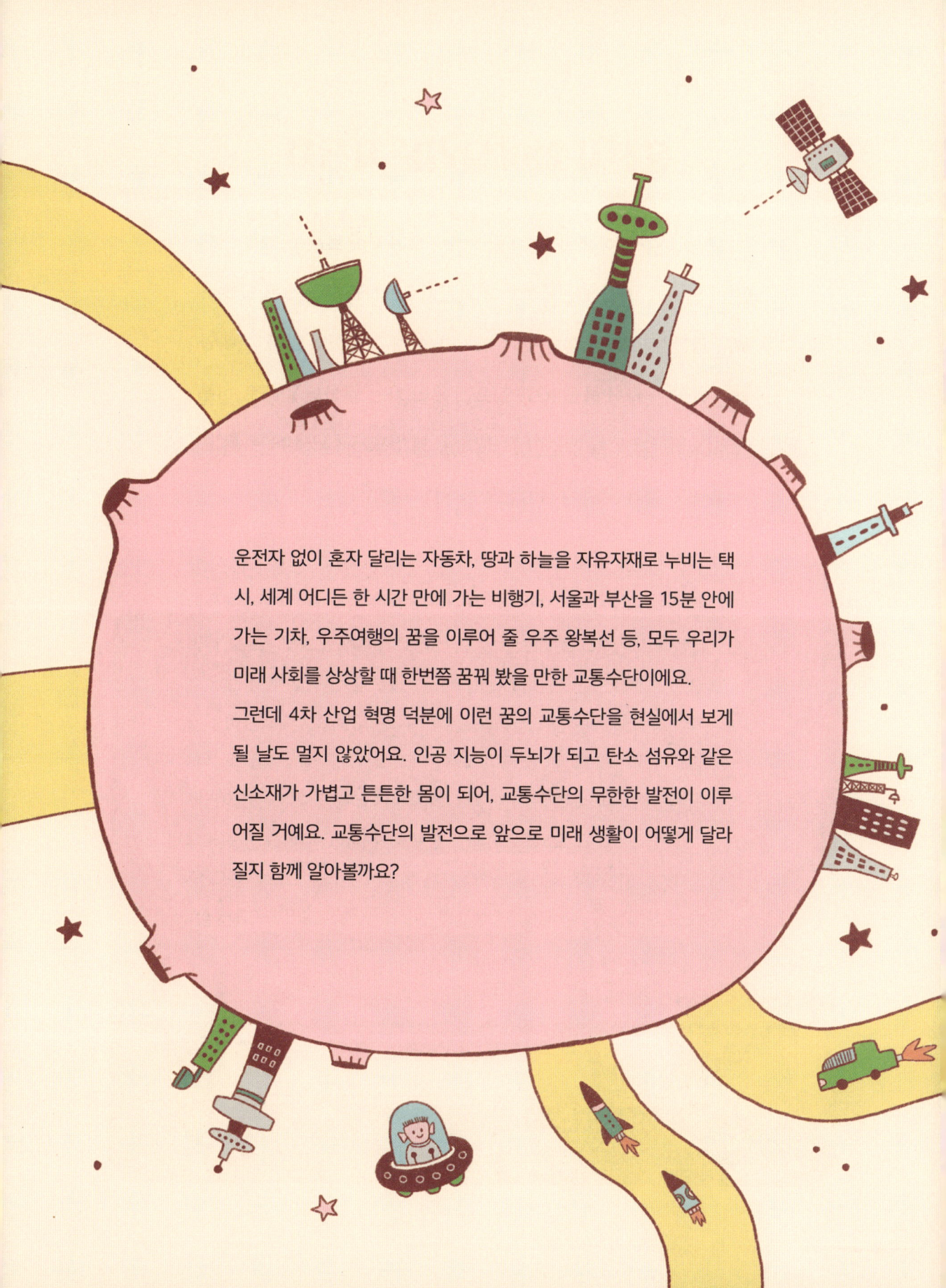

운전자 없이 혼자 달리는 자동차, 땅과 하늘을 자유자재로 누비는 택시, 세계 어디든 한 시간 만에 가는 비행기, 서울과 부산을 15분 안에 가는 기차, 우주여행의 꿈을 이루어 줄 우주 왕복선 등, 모두 우리가 미래 사회를 상상할 때 한번쯤 꿈꿔 봤을 만한 교통수단이에요.
그런데 4차 산업 혁명 덕분에 이런 꿈의 교통수단을 현실에서 보게 될 날도 멀지 않았어요. 인공 지능이 두뇌가 되고 탄소 섬유와 같은 신소재가 가볍고 튼튼한 몸이 되어, 교통수단의 무한한 발전이 이루어질 거예요. 교통수단의 발전으로 앞으로 미래 생활이 어떻게 달라질지 함께 알아볼까요?

운전사 없이 달리는 자동차

2030년 오늘은 아빠와 함께 동해에서 해가 떠오르는 풍경을 보기로 한 날이야. 예전에는 동해까지 자동차로 적어도 4시간은 달려야 해서 깜깜한 새벽에 출발했어. 하지만 이젠 걱정하지 않아. 아빠와 함께 차에 누워서 쿨쿨 자고 있으면 우리 차는 알아서 일출로 이름난 정동진까지 우릴 데려다줄 테니까. 해가 뜨는 5시 전에 눈을 뜨면 꿈에도 잊지 못할 광경이 눈앞에 펼쳐지겠지?

우리나라에서 자동차를 운전하려면 만 18세가 되어야만 해요. 교통 규칙을 외우고 충분히 연습한 후에, 운전면허 시험을 통과해 면허를 딴 다음에야 직접 자동차를 운전할 수 있는 자격을 얻어요. 자동차는 아주 잠깐의 실수로도 큰 사고를 낼 수 있어요. 또, 사고가 나면 운전자는 물론 다른 사람들의 목숨까지 잃을 만큼 위험한 일이지요. 그래서 자동차를 운전할 때는 졸리면 운전을 멈춰야 하고, 운전하며 영화를 보거나 스마트폰을 보는 등, 잠시 한눈을 파는 일도 해서는 안 돼요.

그런데 4차 산업 혁명으로 앞으로는 힘겹게 운전 면허증을 딸 필요가 없을지도 몰라요. 사람이 운전하지 않아도 스스로 움직이는 자율 주행 자동차가 거리 위를 달릴 테니까요.

자율 주행 자동차는 사람, 자동차 같은 주변 사물들이 얼마나 빠른 속도로 얼마나 가까이 다가왔는지를 느끼고 판단할 수 있어요. 우리 눈과 귀 역할을 해 주는 센서와 두뇌 역할을 담당하는 인공 지능, 지구 위치 측정 체계*를 달고 있거든요. 어디를 갈 것인지 목

*지구 위치 측정 체계(GPS): 지구 위를 돌고 있는 인공위성에서 보내는 신호를 수신해 사용자가 어디에 있는지 알아내는 시스템. 자동차, 항공기 등에 달린 내비게이션 장치에 쓰이고 있습니다.

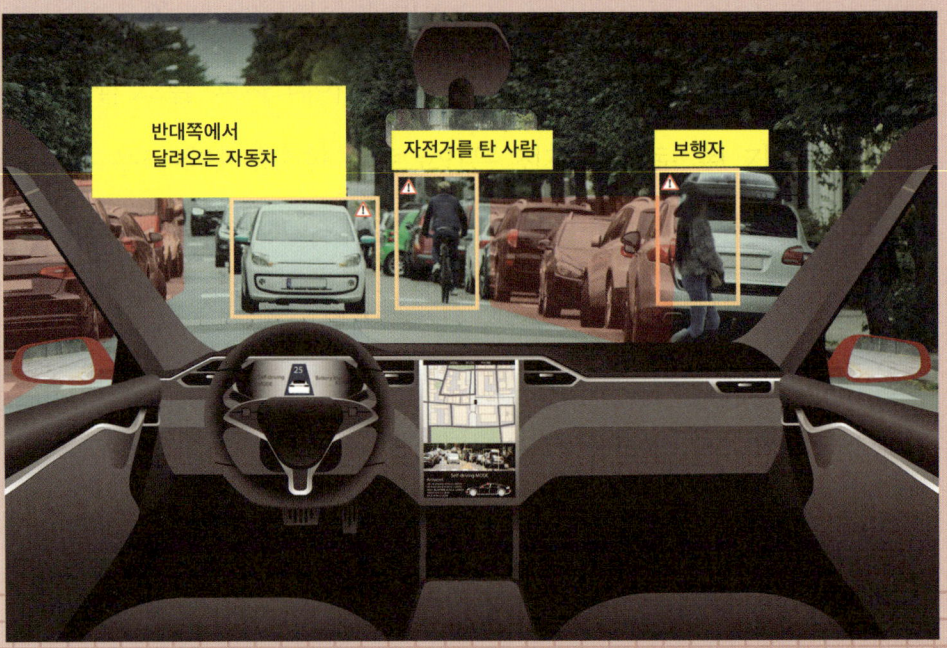

테슬라사에서 개발해 시범 운행 중인 자율 주행 자동차예요.(위)
자율 주행 모드일 때, 전방 카메라로 실시간으로 변하는 주변 환경을 인지해요.(아래)

적지를 알려 주고 푹 쉬고 있으면 자율 주행 자동차가 목적지까지 우리를 안전하게 데려다줄 거예요.

지금 생각하면 자율 주행 자동차에 운전을 맡기는 일이 무서울 수도 있지만, 아마도 10년 후면 사람이 운전하는 차를 타는 것보다 더 안전해질 거예요. 사람은 피곤하거나 술을 마시면 감각과 판단력이 무뎌져서 사고를 낼 확률이 아주 높아지거든요. 더구나 사람마다 성격도 다르고 운전 실력도 천차만별이라 거리에서 다른 차들이 어떻게 움직일지 예측하기 어려워요.

하지만 자율 주행 자동차는 달라요. 고속도로를 10시간씩 가는 장거리 운전이나 졸음과 싸워야 하는 야간 운전에도 지치지 않고 늘 일정한 성능을 유지해요. 모든 자율 주행 자동차의 두뇌가 비슷하게 프로그래밍 돼 있다면 어떻게 움직일지도 대부분 예측할 수 있답니다. 자율 주행 자동차가 널리 쓰이게 되면 사고가 날 확률도 크게 줄어들겠지요?

이런 자율 주행 기술을 이용해 완전히 새로운 교통수단을 만들 수도 있어요. 특히 요즘 여러분들이 장난감으로 혹은 카메라를 달 수 있는 장비로 많이 쓰는 드론에 자율 주행 시스템을 붙이는 연구가 활발하답니다. 드론이 자율 주행을 할 수 있는 두뇌를 갖게 되면 하늘을 날아 우편물을 배달해 주는 택배 기사나 택시로 이용할 수 있

 드론으로 택배를 배달하는 모습이에요.

 미국의 온라인 쇼핑몰은 드론 배송을 실험하고 있어요.

거든요. 이미 미국에서는 윙, 월마트 등의 기업이 드론으로 고객들에게 물건을 배송해 주기 시작했어요. 물건을 주문하면 드론이 하늘을 날아 30분 만에 물건을 배송해 주는 거지요.

중동의 부자 나라 두바이에서도 벌써 자율 주행을 하는 드론 택시

를 만들려고 이미 도시에서 시험 주행을 하고 있답니다. 도로가 꽉 막혔을 때 유유히 하늘을 훨훨 날아 목적지까지 가고 싶다는 상상이 곧 현실이 될 수 있겠네요!

실리콘 밸리, 자동차 시장마저 접수할까?

메르세데스 벤츠, 폭스바겐, 도요타, 현대……. 지금 자동차를 생각하면 머릿속에 딱 떠오르는 브랜드들이지만 20년 뒤에는 전혀 다른 회사들이 이 자리를 차지하고 있을지 알 수 없어요. '삼성 자동차', '구글 자동차'가 이 회사들을 최고의 자리에서 밀어낼 수도 있거든요.

지금까지 자동차 시장은 기본적으로 누가 더 빠르고 안전하고 연료를 알뜰하게 사용하며 디자인이 아름다운 하드웨어를 만드는지에 따라 소비자들의 선택을 받았어요. 하지만 4차 산업 혁명으로 자동차들에 인공 지능이라는 두뇌가 달리고 자율 주행 기능을 갖추기 시작하면 소비자들의 자동차 선택 기준은 크게 달라질 거랍니다. 강하고 아름다운 하드웨어만큼이나 우리를 원하는 목적지까지 똑똑하게 데려다줄 수 있는 머리를 갖췄는지가 중요해질 테니 말이에요.

압도적인 하드웨어 기술을 지닌 전통 자동차 업체와 뛰어난 인공 지능 기술을 가진 '실리콘 밸리*'의 정보 기술(IT) 회사가 자율 주행 자동차 시장을 두고 한판 대결을 벌일 텐데, 최종 승자가 누가 될지 정말 궁금해지네요.

*실리콘 밸리(Silicon Valley): 미국 캘리포니아주 샌프란시스코만 일대 계곡 지대에 있는 첨단 기업들이 모인 단지. 처음에는 반도체 기업들이 많아 반도체 재료인 '실리콘'과 계곡을 뜻하는 '밸리'를 합쳐 이렇게 불리게 됐어요. 이제는 구글, 페이스북, 애플 등 미국을 대표하는 다양한 분야의 첨단 기업들이 모두 모여 있답니다.

꿈의 열차 '하이퍼루프'

"칙칙폭폭, 칙칙폭폭, 뿌뿌."

서울과 부산을 3시간 안에 주파하는 KTX에서는 더 들을 수 없지만 우리는 여전히 기차라고 하면 오래된 기차가 힘차게 증기를 내뿜는 소리를 떠올려요. 19세기 석탄으로 물을 데울 때 나오는 수증기를 동력으로 삼아 움직이는 증기 기관차는 인류에게 산업 혁명을 가속화하는 역할을 하였어요. 증기 기관차로 공장에서 만든 물건을 한꺼번에 대량으로 나를 수 있었고, 철도가 지어지며 멀리 떨어진 지역에까지 물건을 실어 날랐어요.

이후, 나날이 발전을 거듭한 기차는 이제 '하이퍼루프'라는 새로운 모습으로 또다시 변신을 꾀하고 있어요. 시속 1,200km의 속도로 진공관을 달리는 탄소 섬유로 만든 캡슐 모양 차량을 타면 서울에서 부산까지 15분 만에 갈 수 있어요. 진공관 속에서는 공기의 저항이 없는 데다 탄소 섬유의 무게가 철의 십 분의 일에 불과하기에 가능한 일이랍니다. 공상 과학 소설이나 판타지 영화에서 보았던 '순간 이동'과 다를 바 없는 속도네요! 태양열을 에너지로 이용하고 고속도로나 철도보다 진공관을 설치하는 비용이 싸기 때문에 이용 요금도 2만 원 정도로 쌀 거라고 해요.

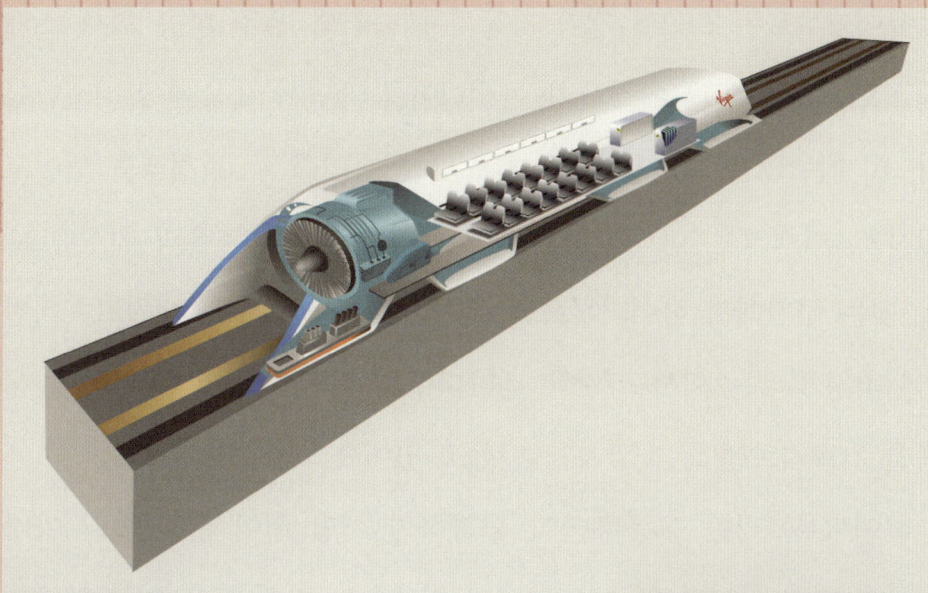

 꿈의 열차 하이퍼루프의 내부 구조예요. 진공관 속을 탄소 섬유로 만든 캡슐 모양의 차량이 달리는 거예요.(위)
앞으로 미래 세상에선 이와 같은 고속 열차들을 만나겠지요?(아래)

하이퍼루프는 2013년 전기 자동차 테슬라와 우주 항공 회사 스페이스X를 만든 일론 머스크가 아이디어를 내면서 세상에 알려졌답니다. 이제는 많은 회사가 '세계 최초'라는 자리를 두고 경쟁을 벌이고 있지요. 머스크는 '더보링컴퍼니'라는 회사를 통해 뉴욕과 워싱턴DC를 잇는 구간까지 하이퍼루프를 운행하겠다는 계획을 세웠고, '버진 하이퍼루프'라는 회사도 미국 네바다주의 사막에서 실험을 하며 대륙을 가로지르는 꿈의 열차를 만들고 있어요.

하이퍼루프라는 교통수단이 등장하면 어떤 일이 생길까요? 아마 마차를 타고 다니던 영국 사람들이 처음으로 말의 도움 없이 빠르게 움직이는 거대한 기차를 보았을 때 받았을 충격만큼이나 큰 변화가 생기겠지요?

아마 지금까지 우리가 가지고 있던 시간과 공간의 제약이 사라질 거예요. 지금은 직장이 서울에 있다면 무조건 서울에 집을 구해야만 했지만 하이퍼루프가 연결된 곳이라면 전국 어느 곳에 집을 구해도 괜찮겠지요. 아침에 서울에 있는 회사에서 일하다가 부산 자갈치 시장에서 금방 잡아 올린 해산물로 점심을 먹고 저녁에는 제주도에 있는 집으로 퇴근하는 것도 불가능한 일이 아니랍니다. 이렇게 되면 지금처럼 일자리를 찾은 뒤 그 주변에 적당한 가격의 집을 구하고 사는 삶의 방식도 완전히 바뀔 수 있을 거예요.

물건을 실어 나르는 물류와 유통도 빛의 속도로 이뤄지겠네요. 지금까지는 인천항에 도착한 물건을 다음 날 강원도에서 받아 보기까지 최소 하루가 걸렸다면, 미래에는 물건이 1시간 안에 총알처럼 날아오게 될 거랍니다. 온라인으로 물건을 구매하고 받는 데까지 시간이 걸리는 답답함이 완전히 사라지는 진짜 물류와 유통 혁명이 펼쳐지겠네요.

드디어 열린 우주여행 시대

"우주에서 본 지구는 푸르다."

최초의 우주인인 유리 가가린은 1961년 4월 12일 소련의 우주선 보스토크 1호를 타고 처음으로 우주에서 지구의 모습을 보고 이런 말을 남겼어요. 가가린이 말한 푸른 지구의 모습은 그 후 우리가 품고 있는 우주에 대한 환상을 나타내는 대표적인 이미지가 되었답니다. 가가린이 우주 밖에서 지구를 본지 반세기가 넘게 흘렀지만 여전히 그 신비로운 이미지는 사라지지 않았거든요. 이제는 모두가 지구가 푸르다는 사실을 알게 됐지만, 보통 사람들은 푸른 지구의 모습을 직접 볼 기회가 없었으니까 말이에요.

그런데 이제는 우리가 모두 푸른 지구를 눈으로 확인할 날이 머지 않았답니다. 하이퍼루프 개발에 앞장서고 있는 일론 머스크와 세계에서 가장 큰 온라인 유통업체 아마존을 만든 제프 베조프가 각자 '스페이스X', '블루오리진'이라는 회사를 만들고 우주여행을 할 수 있는 로켓을 개발했거든요.

두 회사가 개발하는 핵심적인 기술은 한 번 사용한 우주선을 다시 사용하는 기술이에요. 비행기처럼 우주선을 계속 다시 사용할 수 있다면 우주를 가는 데 필요한 돈도 지금의 100분의 1 수준까지 떨어질 수 있지요. 그러면 수백억 원을 낼 수 있는 부자가 아닌 보통 사람들도 몇 년간 열심히 저축해서 우주여행의 꿈을 이룰 수 있겠지요? 지금 우리들이 비행기를 타고 해외여행을 가는 것처럼 말이에요.

우주 시대가 열린다는 건 단순히 우리가 갈 수 있는 곳이 많아진다는 것 외에도 많은 의미가 있어요. 미국 항공 우주국 나사NASA는 지난 100여 년간 우주가 우리 삶에 끼친 영향을 소개하며 이렇게 말했어요.

"여러분이 생각하는 것보다 우주는 여러분의 삶 속에 훨씬 더 많은 자리를 차지하고 있습니다."

나사가 이런 말을 한 이유는 우리 생활 속에서 손쉽게 찾아볼 수 있는 제품 속에는 우주에서 온 기술이 의외로 많이 담겨 있기 때문이에요. 공기 주머니가 들어 있어서 무릎이 받는 충격을 줄여 주는 운동화나 무선 청소기에 달린 배터리도 처음에는 지구와는 환경이 다른 우주에서 살아남기 위해 개발된 것이었지요.

누구나 우주에 갈 수 있는 시대가 되면 이런 창조적 아이디어는 더욱더 많아질 거예요. 실제로 스페이스X의 머스크 회장은 "화성에 가고자 한다면 지구는 왜 안 되냐."라며 우주선 기술을 활용해 지구 어느 곳이든 1시간 안에 도달할 수 있는 새로운 교통수단을 만들겠다고 했어요. 미국 뉴욕에서 중국 상하이까지 가는 데 지금은 15시간이나 걸리지만 우주선 기술을 활용하면 비행시간이 39분으로 줄어들 수 있답니다. 놀랍지 않나요?

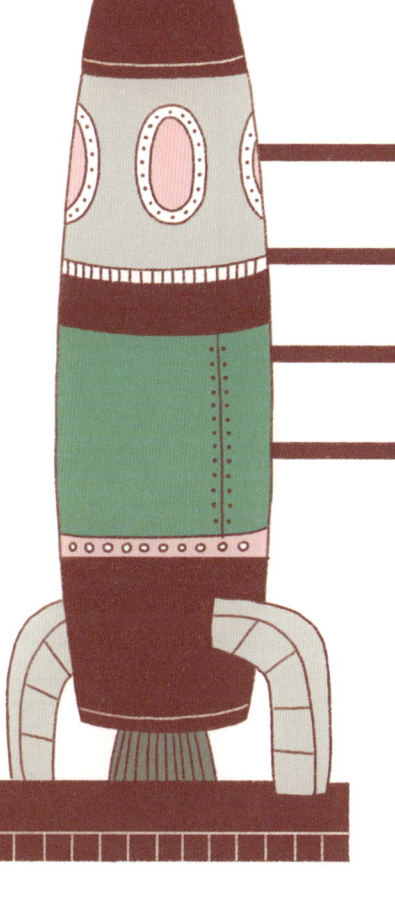

함께 토론해요

가장 강력한 범죄는 해킹

4차 산업 혁명 시대가 오면 모든 것이 통신을 통해 연결되며 범죄나 테러의 모습도 크게 바뀔 거예요. 자율 주행 자동차의 두뇌인 인공 지능을 조정해 모든 차를 흉기로 만들어 버리는 것처럼 말이에요. 온라인 금융 시스템을 공격하면 은행에서 총을 들고 강도 행각을 벌이는 것보다 큰돈을 소리 없이 훔칠 수 있겠네요.

이미 우리는 2017년에 '랜섬웨어'라는 악성 프로그램이 전 세계에 있는 컴퓨터를 감염시켜 제멋대로 움직이게 만드는 사태를 봤답니다. 오레오 쿠키를 만드는 '몬델레즈'라는 기업은 이 랜섬웨어에 감염이 되어서 몇 주간 공장이 마비됐고, 세계에서 가장 큰 해운 회사인 머스크도 피해를 봐서 미국, 유럽, 인도 등을 오가는 배들이 항구에 들어오지 못하고 한동안 멈춰 있었어요. 이 악성 프로그램을 만든 해커들은 비트코인으로 대가를 받고 컴퓨터를 복구해 주면서 기업들로부터 거액을 챙겼어요.

이처럼 미래에서 우리를 위협하는 진짜 강력 범죄는 사람들이 사람에게 저지르는 폭력이 전부가 아닐 거예요. 사이버 범죄가 일어났을 때 공포가 지금과는 상상할 수 없을 정도로 커지겠지요.

경찰들은 온라인 공간에서 벌어지는 범죄를 막는 걸 오프라인 공간만큼이나 중요하게 생각하게 될 거에요. 그렇다면 앞으로 사이버 범죄를 어떻게 처벌해야 할지, 법적인 기준도 달라지겠네요. 4차 산업 혁명은 범죄의 모습과 법 체계까지 바꿔 놓을 것입니다.

> 한번 더 생각해요.

4차 산업 혁명 시대, 무엇을 준비해야 할까요?

1인 기업의 시대가 온다

"딩동."

그릇을 만드는 일을 하는 나의 스마트폰으로 알람이 들어왔어. 홈페이지를 통해 주문이 들어왔나 봐. 나에게 일을 맡기려는 사람은 바다 건너 일본에서 곧 결혼을 앞둔 커플인데 신혼집을 꾸미기 위한 특별한 찻잔 세트를 갖고 싶다고 하는군. 빅 데이터로 접속 기록을 분석해 보니, 요즘 일본에서 우리 쇼핑몰에 관심을 갖는 사람들이 아주 많네. 아마 새롭게 일본으로 해저 하이퍼루프가 뚫려서 10분이면 배송을 할 수 있으니까 그런 것 같아.

커플의 새로운 출발을 응원할 수 있는 예쁜 그릇이라, 집 안에 틀어박혀 있으니 쉽게 아이디어가 떠오르지 않네. 아무래도 집 앞 카페에서 커피를 한잔 마시면서 고민을 해 봐야겠어. 만드는 거야 3D프린터로 찍어 내면 금방이니까 디자인만 떠오르면 다음 주까지는 충분히 주문을 처리할 수 있을 거야.

지금까지 우리는 4차 산업 혁명이 가져오는 기술의 변화가 미래의 경제와 사회를 어떻게 변화시킬지에 대해 알아봤어요. 이렇게 달라진 세상에서 인간은 어떤 모습으로 살아가게 될까요?

앞에서 살펴본 것처럼 인공 지능이 널리 쓰이게 되면 지금 인기 있는 직업들의 상당수는 사라지게 될 거예요. 일상적이고 반복적으로 이뤄지는 업무들은 모두 인공 지능의 차지가 될 거거든요.

대신 인공 지능, 빅 데이터 등을 처리하는 새로운 직업이 등장하기 시작할 거예요. 여기에 많은 사람이 다양한 분야에서 프리랜서로 활동할 수 있는 길이 열릴 거랍니다. 숙박 공유 서비스와 같은 플랫폼을 통해 남는 방을 빌려 주는 일을 할 수 있는 것처럼요. 이렇게 노동자와 일거리를 연결해 주는 직접 플랫폼은 앞으로 수많은 분야에 생기게 될 거예요. 또, 3D 프린터, 가상 현실을 이용해 누구나 나만의 공장을 갖고 물건을 만드는 능력을 갖추게 될 거예요.

그러니까 4차 산업 혁명과 함께 어른이 될 여러분들은 지금처럼 좋은 직장에 들어가는 일에만 매달리지 않아도 돼요. 혼자서 물건이나 서비스를 만들어 돈을 버는 프리랜서인 '1인 기업'의 시대가 본격적으로 열려 '셀프 고용'을 하면 되니까요. 이렇게 1인 기업들이 주도하는 경제는 '긱 이코노미gig economy'*라고 불려요.

모든 곳이 통신망으로 연결돼 마음대로 자료를 주고받거나 이야기

를 나눌 수 있고 마음만 먹으면 서울에서 미국으로도 1시간 만에 날아갈 수 있으니 갑갑한 사무실에 앉아 있을 필요도 없어요. 집, 카페, 휴양지 등 원하는 곳에서 일하다 필요할 때 움직이면 되지요. 아침에는 출근하기 위해, 저녁에는 퇴근하기 위해 버스 정류장과 지하철에 몰려 있는 구름 같은 인파는 드라마나 영화에서 나오는 추억의 풍경이 될 거예요.

이런 세상이 오면 여러분은 스펙을 쌓아 회사에 선택을 받기보다는 스스로 어떤 경제 활동을 할지 정하고 이에 걸맞은 경쟁력을 갖추기 위해 노력해야 해요. 즉 '직장'이 아닌 '직업'을 고민해야 한다는 거예요.

또 고등학교와 대학교를 졸업해 일하다가도 필요하다면 언제든지 새로운 분야를 공부해야 해요. 회사에서는 여러 사람이 나의 부족한 점을 보완해 줄 수 있지만 긱 이코노미에서는 개인이 역량을 갖춰야만 살아남을 수 있거든요.

*긱 이코노미: 정규직으로 사람을 고용하기보다 필요에 따라 임시로 계약을 맺고 일을 맡기는 경제입니다. 1920년대 미국의 재즈 공연장 주변에서 연주자들을 그때그때 섭외해 진행하는 공연인 '긱'에서 유래했어요.

여러분의 부모님 세대처럼 일터에 매여 있지 않아도 되는 자유로움은 좋지만 스스로 길을 개척해 나가야 하는 생존 경쟁은 쉬운 일은 아닐 거예요. 이처럼 4차 산업 혁명은 동전의 양면처럼 우리에게 좋은 점과 어두운 면을 모두 가지고 다가올 것이란 걸 명심하세요.

1인 기업 시대의 새로운 계층 '뉴칼라'

공장, 건설 현장 등에서 오랜 시간 동안 몸으로 숙련된 기술을 바탕으로 일하는 생산직 노동자들은 '블루칼라(Blue-collar, 파란 옷깃)'라고 불렸어요. 주로 파란색 작업복을 입고 일하기 때문에 생긴 별명이지요. 또 '화이트칼라(White-collar, 하얀 옷깃)'는 무역, 금융, 경영처럼 머릿속에 있는 지식을 바탕으로 일하는 사무직 노동자들을 뜻해요. 생산직과 달리 사무직 노동자들이 주로 하얀 와이셔츠를 입고 있다고 해서 이렇게 불리기 시작했답니다.

하지만 4차 산업 혁명으로 일자리들이 뒤바뀌고 나면 블루칼라와 화이트칼라의 구분은 점점 의미가 없어질 거예요. 1인 기업처럼 창조적인 생산을 하는 사람들은 생산직과 사무직으로 구분하기가 어렵거든요. 스템(STEM, 과학·기술·엔지니어링·수학) 지식으로 무장한 4차 산업 혁명 시대의 노동자들은 사무직처럼 기획을 하기도 하고 생산직처럼 스스로 물건을 만들기도 해야 해요.

그래서 4차 산업 혁명과 함께 새롭게 등장한 노동자들은 '뉴칼라(New-collar, 새로운 옷깃)'라고 불립니다. 2017년 세계 경제 포럼에서 미국 IBM의 버지니아 로메티 회장이 처음 만든 말인데 그 뒤 많은 사람이 사용하게 됐어요.

머스크와 저커버그가 벌인 논쟁

"인공 지능은 북한보다 더욱 위협적이다. 아무도 규제를 받는 것을 좋아하지 않는다. 하지만 차, 비행기, 음식, 약 등 모든 것은 규제를 받으며 안전을 유지하고 있다. 인공 지능도 그래야 한다."

인공 지능에 대해 이토록 두려움을 표현한 사람은 도대체 누구일까요? 그건 바로 하이퍼루프와 우주선을 개발하며 4차 산업 혁명을 이끄는 스페이스X의 창업자 일론 머스크입니다. 인공 지능의 신봉

자일 것 같은 머스크가 소셜 미디어를 통해 공개적으로 이러한 말을 한다니 의외군요.

반면 페이스북을 만든 마크 저커버그는 "인공 지능은 인간의 삶의 질을 높일 것"이라고 4차 산업 혁명 예찬론을 펼쳤어요. 그러면서 인공 지능의 위험을 경고하는 머스크를 향해 "무책임하다."고 말하기도 했지요. 이런 논쟁을 보면 세계에서 가장 앞서 나가는 두 천재의 생각이 이렇게 갈릴 만큼 4차 산업 혁명이 우리에게 가져다줄 미래는 안개 속에 놓여 있다는 생각이 듭니다.

그런데 사실 우리는 이번과 같은 산업 혁명을 처음 겪는 게 아니에

요. 300년에 가까운 시간 동안 인류는 기술의 발전과 이로 인한 사회 변화를 끊임없이 경험해 왔어요.

19세기 초 산업 혁명으로 영국 중부 노팅엄에 양말을 짜는 자동 방직기가 공장에 들어오자 노동자들은 큰 두려움을 느끼고 다 같이 기계를 부수기 시작했어요. 이후 영국 북부 공장 지대를 휩쓸 게 된 이런 공격은 '러다이트(기계 파괴) 운동'이라고 불려요. 하지만 이러한 노동자들의 조직적인 저항은 기계의 도입을 막을 수 없었어요. 물론 우리는 그 어느 때보다도 물자가 풍족한 세상에 살며 기계의 혜택을 보고 있긴 하지만, 러다이트 운동의 노동자들이 걱정한 게 완전히 틀린 건 아니었답니다. 급격한 도시화로 노동자들의 삶이 어려워지고 환경 오염이 심해지는 부작용이 나타났고요.

전기의 힘으로 컨베이어 벨트를 돌려 대량 생산을 할 수 있게 된 20세기 초에 일어난 2차 산업 혁명도 마찬가지였어요. 풍자 영화의 고전인 찰리 채플린의 《모던 타임즈》을 보면 인간이 거대한 공장에서 단순 작업을 하며 부품이 되어 버린 데 대한 모두의 절망감이 얼마나 컸는지 알 수 있어요. 1980년대 컴퓨터와 인터넷이 가져온 3차 산업 혁명은 우리에게 언제 어디에서나 사람들과 소통할 수 있는 편리함을 가져다줬지만, 기술을 접하지 못한 가난한 사람과 부자들 사이의 격차를 어마어마한 수준으로 벌려 놨지요.

4차 산업 혁명을 가져온 기술의 발전 역시 이전 산업 혁명들처럼 우리 생활을 편리하게 만들겠지만 분명히 부작용도 나타날 거예요. 머스크가 상상한 '디스토피아*'와 저커버그가 상상한 '유토피아**'는

*디스토피아: 유토피아의 반대말로 우리가 상상할 수 있는 가장 어두운 나라를 뜻합니다.

**유토피아: 현실적으로는 존재하지 않지만 모두가 꿈꾸는 이상의 나라를 가르키는 말. 영국의 인문주의자 토머스 모어가 쓴 책 《유토피아》에서 유래했어요.

우리 앞에 분명히 둘 다 나타날 거예요.

그럼 우리는 어떻게 해야 할까요? 이미 일어나고 있는 기술의 변화를 막기보다는 어떠한 변화가 있을지 먼저 예측해 보고 깊이 고민하며, 미래 세상이 디스토피아가 아닌 유토피아가 되도록 개인과 사회 모두가 노력해야 하지 않을까요? 결국 기술을 사용하는 것은 인간의 몫이니까요.

고속 성장이 아닌 포용적 성장으로

그렇다면 우리가 고민해야 할 문제는 무엇일까요? 바로 기술이 사람들을 소외시켜 가난한 사람들을 더 많이 만들지 않도록 해야 한다는 거랍니다. 옛날처럼 경제가 빠르게 성장하는 데만 신경을 쓰다가 그 과실을 나눠 갖는 과정은 뒤로 제쳐 두는 실수를 저지르면 안 된다는 거예요.

4차 산업 혁명으로 스스로 1인 기업이 된 사람들은 이전 세대가 회사로부터 받았던 안전망의 혜택을 전혀 누리지 못해요. 지금은 몸이 아파서 잠시 일을 쉬어도 회사에서 몸이 회복할 때까지 월급 일부를 받을 수 있었지만, 1인 기업에 다니는 사람들은 몸이 아파 일이 끊기면 바로 수입도 끊겨요. 1인 기업이 되어 회사에서 일하던 노동자들에 비교해 엄청난 부자가 되는 사람들도 분명히 많아지겠지만, 몸이 아파도 제대로 쉬지 못하고 가난을 걱정해야 하는 불행한 사람들도 늘어날 수 있다는 거예요.

또 인공 지능, 로봇, 공유 경제 플랫폼의 등장으로 평생 갖고 있던 직업이 사라진 사람들의 어려움은 말할 것도 없고요.

그러니까 우리는 사회 변화가 본격적으로 시작되기에 앞서서 이러한 사람들을 보호해 줄 방법을 세심하게 고민해야 해요. 다시 찾아온 산업 혁명 목표를 빠르게 성장하는 게 아니라 모두가 함께 잘사는 '포용적 성장'으로 잡아야 한다는 거예요.

2016년 4차 산업 혁명이라는 개념을 꺼내 들며 전 세계에 화두를 던진 '세계 경제 포럼'이 이듬해 곧바로 포용적 성장을 이야기한 것도 이런 고민 때문이었을 거예요.

그래서 핀란드, 네덜란드, 캐나다 같은 선진국에서 기본 소득을 주는 걸 생각하기 시작했어요. 기본 소득은 일이 없더라도 인간다운 삶을 살 수 있게, 나라에서 모든 사람에게 약간의 돈을 나눠 주는 제도예요. 매월 월급을 받는 사람이 많은 지금과 달리, 미래에는 수익이 들쭉날쭉하게 들어오거나 아파서 수입이 끊기는 사람들이 많아질 수 있으니, 나라가 도와줄 필요가 있다는 생각에서 출발한 제도랍니다.

물론 선진국들이 논의하는 이런 제도가 정답은 아닐지 몰라요. 기본 소득은 한편으로는 사람들의 일하고자 하는 의지를 꺾을 수 있다는 단점도 있거든요. 그래도 함께 잘사는 미래 세상에 대한 논의를 남들보다 한발 앞서 시작했다는 건 우리도 배울 점이라는 생각이 들어요. 이런저런 제도를 고민하다 보면 곧 모두가 만족하는 정말 괜찮은 아이디어도 떠오를 테니 말이에요.

어린이 여러분들도 4차 산업 혁명이라는 흐름을 수동적으로 따라가려고만 하지 말고 변화를 더 능동적으로 끌어내려는 자세를 가져야 해요. 기술이 가져올 편리함을 어디까지 누리고 부작용은 어떻게 치유할지 먼저 고민하는 거예요. 기술에 끌려가는 게 아니라 기술을 끌고 가자는 겁니다. 4차 산업 혁명이 만들 미래 세상의 주인은 바로 여러분이니까요.

경제 성장과 행복의 관계

몸이 성장했다는 것은 키가 자라고 몸무게가 늘어나 체격이 커졌다는 뜻이랍니다. 마찬가지로 경제 성장은 한 나라 국민들이 생산하는 물질의 양과 질이 더 커지게 되는 것을 의미해요. 하루에 빵을 300개, 옷을 10벌씩 생산했던 나라가 빵을 500개, 옷을 20벌씩 생산하게 된 것이지요.

경제 성장이 이뤄져 빵과 옷을 더 많이 만들어 내면 그 나라 국민들은 더 잘살게 될 거로 생각하기 쉬워요. 아무래도 더 많은 빵과 옷을 나눠 가질 수 있는 여지가 커지니까 말이에요.

하지만 경제 성장이 자동으로 국민들의 생활 수준을 높이고 행복을 가져다주는 것은 아니랍니다. 모두가 열심히 일해 만든 성장의 혜택을 일부 사람들이 다 차지해 버리면 나머지 국민들의 생활은 예전과 다를 바 없을 수도 있어요. 100년도 안 되는 기간에 '한강의 기적'을 이뤄 역사적으로 가장 잘 살게 된 대한민국을 청년들이 '헬조선'이라고 부르는 것도 성장의 혜택이 고루 나뉘지 않았다는 불만에서 나오는 걸 거예요.

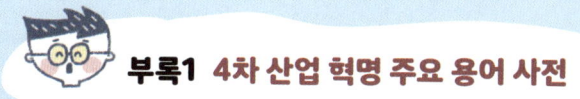
부록1 4차 산업 혁명 주요 용어 사전

4차 산업 혁명 : 인공 지능, 로봇, 3D 프린터, 사물 인터넷, 클라우드 컴퓨팅과 같은 기술들이 빠른 속도로 발전하고 서로 융합하면서 시작된 경제와 사회의 변화.

세계 경제 포럼(WEF)의 클라우드 슈밥 회장이 2016년 처음 발표해 세계적으로 알려지기 시작한 용어예요. 기술의 발달이 경제와 사회를 빠르고 강하게 변하게 만드는 일을 산업 혁명이라고 불러요. 그런데 이번에 나타난 산업 혁명은 인류 역사에서 4번째로 나타났다는 뜻에서 4차 산업 혁명이라 부른답니다. 첫 번째 산업 혁명은 증기 기관의 발명이 가져왔고 2차는 전기, 3차는 컴퓨터와 인터넷의 발달이 이끌어 냈답니다.

세계 경제 포럼(World Economic Forum) : 1981년부터 매년 1~2월 스위스의 작은 휴양 도시인 다보스에서 열리는 포럼.

행사가 열리는 장소 이름을 따서 다보스 포럼이라고 부르기도 한답니다. 세계적으로 영향력이 큰 기업인, 정치인, 학자, 언론인들이 모여 새해 중요하게 보아야 할 경제, 사회 이슈에 대해 토론을 해요. 4차 산업 혁명이라는 개념을 처음 만든 클라우드 슈밥 회장이 만들었어요. 세계 경제 포럼은 한때 '부자들을 위한 잔치'라는 비판을 받았어요. 다보스에서 열리는 행사에 직접 참석하려면 포럼 회원이 되어야 했고, 매년 수천만 원을 내야 하거든요. 하지만 요즘은 세계 경제 포럼에서 열리는 발표와 토론을 누구나 볼 수 있도록 무료로 온라인에 공개된답니다. 공식 홈페이지와 소셜 미디어(SNS)를 통해 질문을 할 수도 있어요. 여러분들에게도 세계 경제 포럼에서 세계적 지도자들의 의견을 들을 기회가 열려 있는 거랍니다.

인공 지능(AI) : 사람처럼 스스로 생각하고 이해하고 판단할 수 있는 능력을 지닌 컴퓨터 프로그램.

수많은 데이터를 바탕으로 일정한 법칙을 알아 가는 능력을 갖춰 인간 지능을 따라잡을 만큼 발전했어요. 이렇게 우리가 지식을 배우는 것처럼 컴퓨터 프로그램이 공부를 하는 일을 머신 러닝(기계 학습)이라고 부른답니다. 대표적인 인공 지능으로는 구글에서 만든 알파고와 IBM의 왓슨 등이 있어요. 인공 지능은 로봇, 자동차, 스피커 등 기계 장치에 설치돼 마치 두뇌와 같은 역할을 해요. 그래서 가사 도우미 로봇, 자율 주행 자동차, 스마트 스피커 등 우리의 생활을 도와주는 새로운 물건들을 많이 만들어 낼 수 있어요.

사물 인터넷(IoT) : 모든 사물들이 서로 연결돼 사람 지시가 없어도 정보를 주고받는 기술이나 환경.

지금까지는 컴퓨터나 휴대 전화처럼 통신을 위해 만들어진 기계들만 통신망에 연결돼 있었지만 사물 인터넷에서는 TV·냉장고·책상·자동차 등 세상에 있는 모든 사물이 연결되는 거예요. 1999년 케빈 애시튼 미국 매사추세츠공대(MIT) 교수가 처음 만든 용어입니다. 사물 인터넷이 있으면 우리 삶을 편리하게 만드는 새로운 일들을 할 수 있어요. 예를 들어 사람이 집안에 들어오기 위해 문을 여는 순간 사물들이 서로 정보를 주고받아 불을 켜고 시원하게 냉방을 하고 스피커에서 좋아하는 노래를 틀어 아늑한 분위기를 만들어 줄 수 있답니다.

클라우드 컴퓨팅 : 인터넷에 있는 가상 공간에 수많은 컴퓨터를 연결해 내 컴퓨터처럼 사용할 수 있는 기술.

가상 공간이 하늘 위의 구름 같다는 뜻으로 영어로 구름을 뜻하는 '클라우드(Cloud)'라는 이름이 붙었어요. 클라우드에 파일이나 프로그램을 저장해 놓은 뒤 통신만 연결하면 컴퓨터, 스마트폰과 같은 여러 기기에서 이것들을 자유롭게 가져와 사용할 수 있어요. 엄청나게 많은 데이터를 저장하고 빠르게 분석해 판단을 내리는 일은 컴퓨터 한 대의 힘만으로 하기 어려워요. 이때 클라우드를 이용하면 '컴퓨터 연합군'을 빌린 것 같은 힘으로 이런 일들을 할 수 있답니다. 이세돌 9단을 꺾은 인공 지능 바둑기사 알파고도 바로 클라우드 위에서 작동하는 것이에요.

로봇 : 사람을 대신해 작업하는 능력을 가진 기계.

지금까지는 공장에서 사람을 대신해 조립·용접 같은 힘든 일을 반복적으로 대신해 주는 산업용 로봇이 많았지만 앞으로는 눈과 귀 역할을 하는 센서와 두뇌 역할을 하는 인공 지능을 달고 사람처럼 생각하고 행동하는 지능형 로봇이 많아질 거예요. 그렇다면 로봇 일터도 공장을 넘어 집안, 가게, 사무실 등으로 넓어지겠네요. 로봇이라는 말은 체코어로 힘든 노동을 뜻하는 로보타(Robota)에서 나온 말이에요. 카렐 차페크가 1920년 쓴 '로숨의 유니버설 로봇(R.U.R)'이라는 희곡(연극 대본)에서 처음 사용됐답니다. 이 작품에서 로봇은 주인이 명령대로 고분고분 일을 잘 하다 점차 똑똑해져서 인간을 노예로 삼았어요. 로봇 덕분에 지겨운 일에서 해방되고 싶어 하지만 로봇에 지배당할 것을 두려워하는 사람의 마음은 로봇의 등장과 함께 시작된 것이군요.

3D 프린터 : 우리가 '인쇄' 버튼을 누르면 글이나 사진을 종이에 2차원(2D)으로 찍어 내듯이 물건을 3차원(3D)으로 입체적으로 찍어 낼 수 있는 프린터.

만들고 싶은 물건 모양의 설계도를 입력하면 종잇장처럼 얇은 재료를 쌓아 올리거나 작은 가루를 뿌려서 원하는 모양으로 만들어 줘요. 1980년대에 처음 개발됐지만 너무 비싸 활용되지 못하다가 최근 가격이 수십만 원대로 낮아지면서 빠르게 퍼지고 있어요. 집 안에 설치할 수 있을 만큼 공간도 적게 차지하기 때문에 누구나 3D 프린터가 있으면 '나만의 공장'을 만들 수 있게 됩니다.

코딩 : 내가 원하는 작업을 컴퓨터, 로봇, 3D 프린터 같은 기계가 알아들을 수 있는 언어로 바꿔 말하는 작업.

컴퓨터 프로그래밍이라고 부르기도 해요. 예를 들어 인간에게는 "청소를 하자."라는 한마디만 해도 알아서 구석구석 먼지를 쓸고 닦을 거예요. 하지만 로봇 청소기가 제대로 청소를 하도록 만들려면 여러 다양한 상황에서 어떻게 청소를 해야 할지를 알려 주는 코딩을 해 줘야 한답니다. 인간 언어가 한국어뿐 아니라 영어, 일본어, 중국어처럼 여러 종류가 있는 것처럼 컴퓨터가 알아들을 수 있는 프로그램 언어도 종류가 다양해요. C언어, 자바, 파이선 등이 대표적인 언어랍니다. 이런 언어를 알고 기계와 대화할 줄 아는 건 앞으로 외국인들과 이야기하려고 영어를 배우는 것만큼이나 중요한 일이 될 거예요.

가상 현실(VR) : 현실에 없는 이미지를 실제 현실에 존재하는 것처럼 보여 주는 기술.

현실로 착각할 만큼 정교한 이미지를 만들어 내는 것뿐 아니라 사람이 가상 현실에 있는 사물들을 뜻대로 움직이고 주변의 촉감을 느끼는 것 같은 상호 작용을 할 수 있어야 해요. 지금은 사람들이 직접 경험하기 어려운 환경을 간접적으로 경험할 수 있도록 하는 목적으로 쓰이고 있어요. 전쟁이 난 것 같은 상황을 만들어 군인들이 군사 훈련을 하거나 가상 우주에서 우주선을 조종하는 연습을 하는 것처럼 말이에요. 앞으로는 공장에서 설계도에 따라 가상 모형을 만들어 본다거나 과학자가 가상 실험을 하는 것처럼 더욱 다양한 영역에서 쓰이게 될 것이랍니다.

증강 현실(AR) : 현실에는 없는 물체가 마치 현실에 있는 것처럼 보여 주는 기술.

사용자가 눈으로 보고 있는 현실에 만들어 낸 이미지를 겹쳐서 보여 주는 거예요. 우리가 살고 있는 세상에 포켓몬이 함께 있는 것 같은 착각을 불러일으키며 엄청난 인기를 끌었던 게임 <포켓몬 고>를 생각하면 이해하기 쉬워요. 미용실에 가기 전 내 얼굴에 미리 어울리는 머리 모양을 찾아본다거나 온라인 쇼핑을 하기 전에 살 물건이 집 안 분위기와 어울리는지 알아보는 것처럼 다양한 방식으로 활용할 수 있어요.

스마트 공장 : 물건을 설계하고 부품을 옮기고 실어 나르는 생산의 모든 과정에 새로운 기술을 적용한 똑똑한 공장.

진짜 물건을 만들어 보기 전에 가상 현실로 실제와 비슷한 이미지를 만들어 실패할 위험을 줄이고, 자유롭게 움직이며 스스로 판단할 수 있는 로봇과 설계도를 바로바로 찍어 낼 수 있는 3D 프린터를 이용해 물건을 만들어요. 로봇과 3D 프린터들은 사물 인터넷으로 통신에 연결돼 있어 자신의 상태를 스마트 공장을 관리하는 사람에게 알려 줘요. 그래서 고장이 날 조짐이 있으면 미리 부품을 갈고 기름칠을 할 수 있어요. 또, 무선 인식(RFID) 칩을 이용해 부품이 어디에 얼마나 있는지 자동으로 알 수 있어요.

빅 데이터(Big Data) : 엄청나게 양이 많고 실시간으로 쌓이는 데이터.

단순한 숫자뿐만이 아니라 동영상, 사진, 문자 등 다양한 형태를 하고 있어요. 소셜 미디어에 남긴 글, 음악 스트리밍 사이트에서 들은 노래 목록, 온라인 쇼핑몰에서 장바구니에 담았던 물건 등 우리의 모든 활동이 모여 빅 데이터의 재료가 된답니다. 컴퓨터와 통신망이 발전하면서 우리가 하는 일상적인 활동이 모두 디지털 기록으로 남게 됐거든요. 빅 데이터가 있으면 과거의 흐름을 읽어 미래를 볼 수 있는 눈이 생겨요. 선거에서 누가 이길지부터 어떤 사업을 해야 성공할 수 있을지 예측할 수 있어요. 그래서 빅 데이터를 '4차 산업 혁명 시대의 황금'이라고 부를 정도입니다.

공유 경제 : 물건을 각자 하나씩 사서 쓰는 게 아니라 하나의 물건을 여러 사람이 함께 쓰는 데 바탕을 둔 경제.

주로 자동차, 자전거, 책처럼 늘 사용하지 않고 잠깐 사용하는 물건을 나누어 쓰는 거예요. 이렇게 하면 구매자들은 물건을 완전히 사는 것보다 싼값에 물건을 쓸 수 있고 물건의 주인들은 비어 있는 물건의 시간을 이용해 돈을 벌 수 있지요.

공유 경제는 2008년 글로벌 경제 위기가 터진 이후 로렌스 레식 하버드대 교수가 처음 제안했어요. 물건을 많이 만들어 내고 쓰는 것도 많이 쓰자는 20세기 경제 생활에서 벗어나자는 생각에서 아이디어가 나왔답니다.

가상 화폐 : 형태가 없이 디지털 신호와 암호로만 만들어진 화폐.

최초의 가상 화폐는 사토시 나카모토라는 가짜 이름을 사용하는 프로그래머가 만든 '비트코인' 이에요. 가상 화폐는 블록체인이라는 특별한 보안 기술 덕분에 해킹을 해도 가짜 돈을 만들 수가 없어요. 그래서 사람들은 가상 화폐를 국가에서 찍어 내는 지폐나 동전만큼이나 믿고 사용할 수 있다고 생각하게 됐답니다. 가상 화폐를 갖기 위해서는 크게 두 가지 방법이 있어요. 가짜 돈을 만들지 못하도록 하는 작업에 컴퓨터를 빌려 주고 그 보상으로 돈을 받는 '채굴(마이닝)'을 하거나 가상 화폐 시장인 거래소에서 사면 돼요.

블록체인 : 모두가 볼 수 있도록 거래 기록을 공개하고 모든 사람의 컴퓨터에 함께 저장하는 방식으로 가짜 기록을 막는 보안 기술.

정보를 지키기 위해 벽을 쌓고 꽁꽁 숨겨야 한다는 상식을 깨뜨린 방식으로 '비트코인의 아버지' 사토시 나카모토가 처음 생각해 냈어요. 일정 시간 동안 새롭게 일어난 거래 기록을 '블록'에 담고 이걸 모든 사람의 컴퓨터에 쇠사슬(체인) 모양으로 과거 기록들에 이어서 저장해요. 이때 누군가의 컴퓨터에 다른 사람이 갖고 있지 않은 블록이 있으면 자동으로 없애 버려요. 대부분의 사람들이 가진 블록이 옳은 거래 기록이고 한두 사람만 갖고 있는 블록은 조작됐다고 보는 거예요. 블록체인으로 지켜지는 기록을 조작하는 '완전 범죄'를 하려면 새 블록이 이어지기 전까지 짧은 시간 안에 적어도 절반이 넘는 컴퓨터의 기록을 바꿔야 하기 때문에 거의 불가능해요.

자율 주행 자동차 : 사람이 운전하지 않아도 스스로 움직이는 자동차.

눈과 귀 역할을 해 주는 센서와 카메라 등으로 도로 주변 사람·동물·차량의 움직임을 파악하고 인공 지능으로 어떻게 움직여야 할지 정확히 판단해 우리를 목적지까지 안전하게 데려다 줘요. 자율 주행 자동차가 있으면 책을 읽거나 휴식을 취하고 가족들과 편하게 대화를 나누는 것처럼 이동하는 시간을 좀 더 의미 있게 쓸 수 있게 돼요. 대신 프로그램이 오류를 일으키거나 해킹을 당해 차가 마음대로 움직이는 것처럼 그동안 경험하지 못한 형태의 사고들을 경험하게 될지도 몰라요.

드론 : 사람이 타지 않은 채 무선 전파로 조정할 수 있는 비행체.

드론(Drone)은 '벌들이 웅웅 대는 소리'라는 뜻인데 날아갈 때 작은 항공기와 비슷한 소리를 내는 것에서 이름을 따왔답니다. 지금은 영상 촬영, 물건 배달, 군사 작전처럼 사람이 직접 가기 어려운 곳에서 다양한 작업을 하는 데 활용되고 있어요. 미래에는 자율 주행 자동차처럼 조정하지 않아도 스스로 움직이는 자율 주행 드론도 개발 중이랍니다. 또 사람이 탈 수 있을 만큼 크기가 크고 안정성이 높은 드론을 만들어 하늘을 나는 미래형 택시를 만들려는 노력도 하고 있어요.

긱 이코노미(Gig economy) : 혼자서 물건과 서비스를 만들어 돈을 버는 프리랜서를 뜻하는 '1인 기업'이 이끄는 경제.

1920년대 미국 재즈 공연장 주변에서 연주자들을 그때그때 섭외해 진행하는 공연인 '긱'에서 유래했어요. 4차 산업 혁명 시대에는 긱 이코노미가 일반적인 경제의 모습으로 자리 잡을 거예요. 기업에 정규직으로 소속돼 일거리를 찾는 사람이 크게 줄어드는 대신 온라인 세상에서 사람들을 연결해 주는 플랫폼에서 직접 일거리를 찾고 가상 현실, 3D 프린터 등 생산 수단을 이용해 물건을 만들어 주는 1인 기업들이 늘어날 거거든요.

뉴칼라(New-collar) : 사무직처럼 기획을 하면서도 동시에 생산직처럼 물건을 만드는 새로운(New) 형태의 노동자.

과거에는 공장, 건설 현장 등에서 오랜 시간동안 몸으로 숙련된 기술을 바탕으로 일하는 생산직 노동자들은 '블루 칼라(Blue-collar, 파란 옷깃)', 무역·금융·경영처럼 머릿속에 있는 지식을 바탕으로 일하는 사무직 노동자들은 '화이트 칼라(White-collar, 하얀 옷깃)'로 구분돼 있었어요. 하지만 4차 산업 혁명 시대에는 이러한 구분이 없어진다는 뜻에서 2017년 미국 IBM의 버지니아 로메티 회장이 처음 이야기했어요.

포용적 성장 : 경제 성장으로 생기는 기회와 늘어나는 부가 모든 사람들에게 공정하게 분배되는 것.

한마디로 소외된 사람 없이 모두 지금보다 더 잘사는 방향으로 성장하는 일이에요. 과거 빠르게, 많이 성장하는 데 집중하느라 가난한 사람과 부자간의 차이가 커지고 행복한 삶에서 멀어지는 사람들이 나왔다는 반성을 하며 나온 개념이랍니다. 경제 규모가 커져서 물자가 풍부해지더라도 이 혜택을 일부 사람들이 다 차지해 버리면 나머지 국민들의 생활은 오히려 피폐해질 수 있거든요.

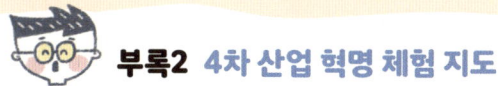

부록2 4차 산업 혁명 체험 지도

로봇, 3D 프린터, 가상 현실(VR), 사물 인터넷, 드론 등, 4차 산업 혁명과 관련한 새로운 기술을 직접 체험해 보세요. 현실로 다가온 미래를 바로 느낄 것입니다.

① 국립어린이과학관
서울특별시 종로구 창경궁로 215

② 서울시립과학관
서울특별시 노원구 한글비석로 160

③ LG디스커버리랩 서울
서울특별시 강서구 마곡중앙로 136 LG아트센터

④ SK티움(T.um)
서울특별시 중구 을지로 65 SK T타워 1~2층

⑤ 삼성딜라이트 체험관
서울특별시 서초구 서초대로74길 11 삼성전자 서초사옥

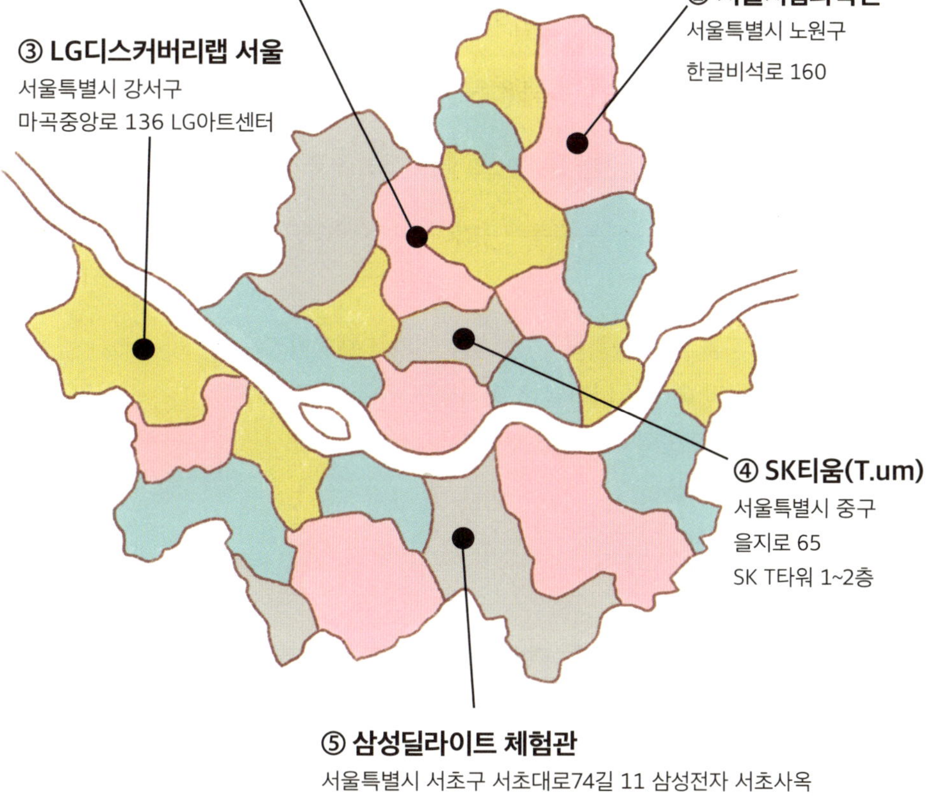

① 국립어린이과학관
코딩 등 소프트웨어 교육을 받을 수 있는 공간과 함께 다양한 체험 프로그램에 마련돼 있어요.
www.csc.go.kr

② 서울시립과학관
초등학생부터 고등학생, 아이를 둔 부모님까지 다양한 연령층이 참여할 수 있는 교육 프로그램이 있어요. 프로그램에 참여하면 직접 드론을 날리고 코딩으로 3D 프린터와 로봇을 움직여 볼 수 있습니다.
science.seoul.go.kr
www.facebook.com/science.seoul

③ LG디스커버리랩 서울
집, 공장, 자동차 등 다양한 곳에서 인공 지능 기술이 어떻게 활용되는지 살펴보고 직접 체험할 수 있어요. 어린이와 청소년을 위한 알찬 교육 프로그램도 마련돼 있습니다.
www.lgdlab.or.kr

④ SK티움(T.um)
가상 현실, 자율 주행 자동차, 인공 지능 기기를 체험할 수 있을 뿐 아니라 미래에 나타날 하이퍼루프, 우주선 등 교통수단이 어떤 모습일지 상상할 수 있는 공간이 있어요.
tum.sktelecom.com

⑤ 삼성딜라이트 체험관
사물 인터넷으로 연결된 집과 교실, 맞춤형 쇼핑과 헬스 케어 등 미래 생활을 체험할 수 있어요.
www.samsungdlight.com
cafe.naver.com/samsungdlight

경기도와 인천

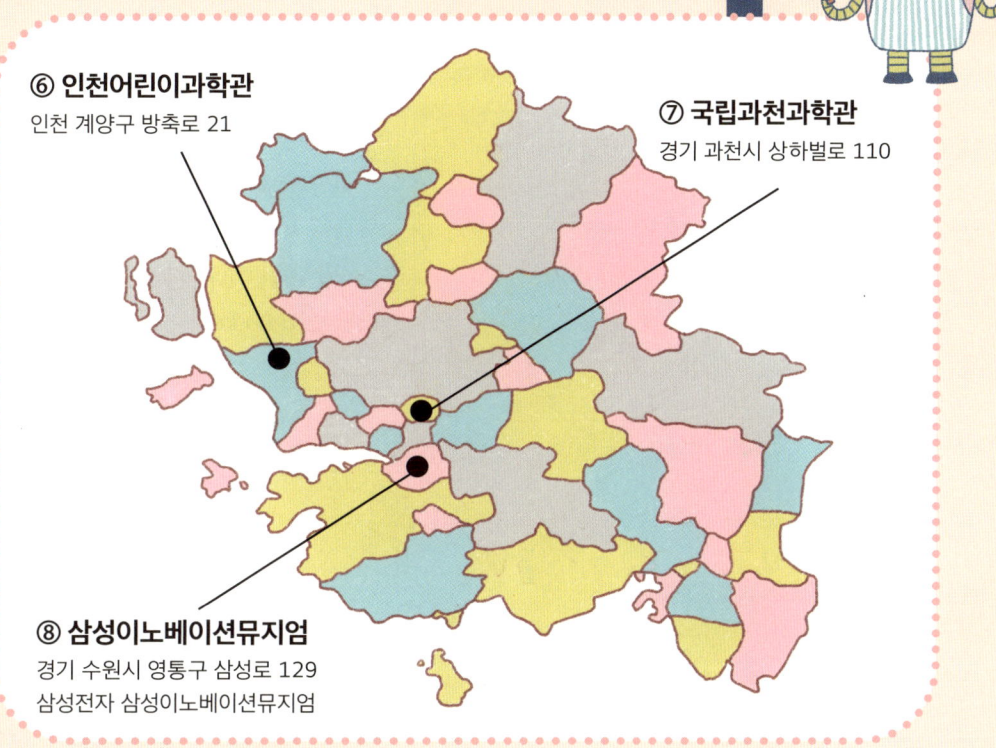

⑥ 인천어린이과학관
인천 계양구 방축로 21

⑦ 국립과천과학관
경기 과천시 상하벌로 110

⑧ 삼성이노베이션뮤지엄
경기 수원시 영통구 삼성로 129
삼성전자 삼성이노베이션뮤지엄

⑥ 인천어린이과학관
상설 전시관의 도시 마을에 가면 미래 도시가 만들어낸 첨단 도시의 모습을 살펴볼 수 있고 코딩 교실 등도 운영 중입니다.
insiseol.or.kr/culture/icsmuseum

⑦ 국립과천과학관
무한상상실에서 3D프린터로 아이디어를 제품으로 만들어 볼 수 있어요. 적성을 파악해 자신의 미래 직업을 예측해 볼 수 있는 미래직업세상관도 있습니다.
www.sciencecenter.go.kr

⑧ 삼성이노베이션뮤지엄
과거 1~3차 산업 혁명의 역사를 되돌아보고 사물인터넷 등 새로운 기술을 체험해 볼 수 있어요.
www.samsunginnovationmuseum.com

강원도

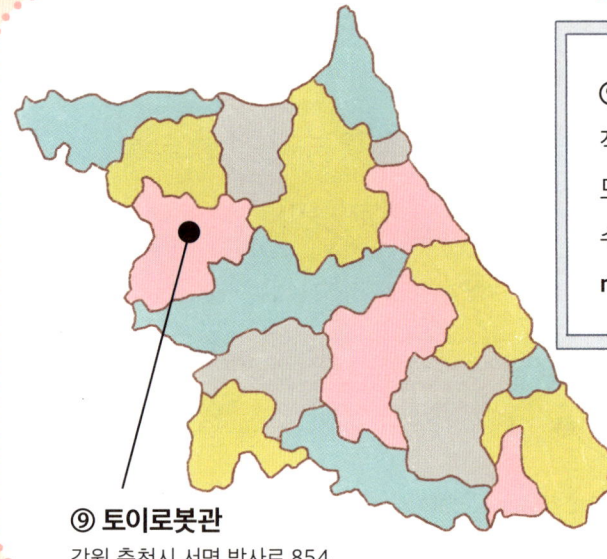

⑨ 토이로봇관
직접 로봇을 조작하고 미래 로봇의 모습이 어떻게 발전할지 상상해 볼 수 있는 공간이 마련돼 있습니다.
robotstudio.kr

⑨ 토이로봇관
강원 춘천시 서면 박사로 854

충청도

⑪ 대한국전자통신연구원
대전 유성구 가정로 218

⑩ 국립중앙과학관
무한상상실에서 3D프린터로 아이디어를 제품으로 만들어볼 수 있어요. 로봇, 가상 현실도 체험해 볼 수 있어요.
www.science.go.kr

⑪ 한국전자통신연구원(ETRI) 정보통신체험관
ETRI에서 개발한 최신 정보 통신 기술들을 체험해 볼 수 있습니다.
www.etri.re.kr

⑩ 국립중앙과학관
대전 유성구 대덕대로 481

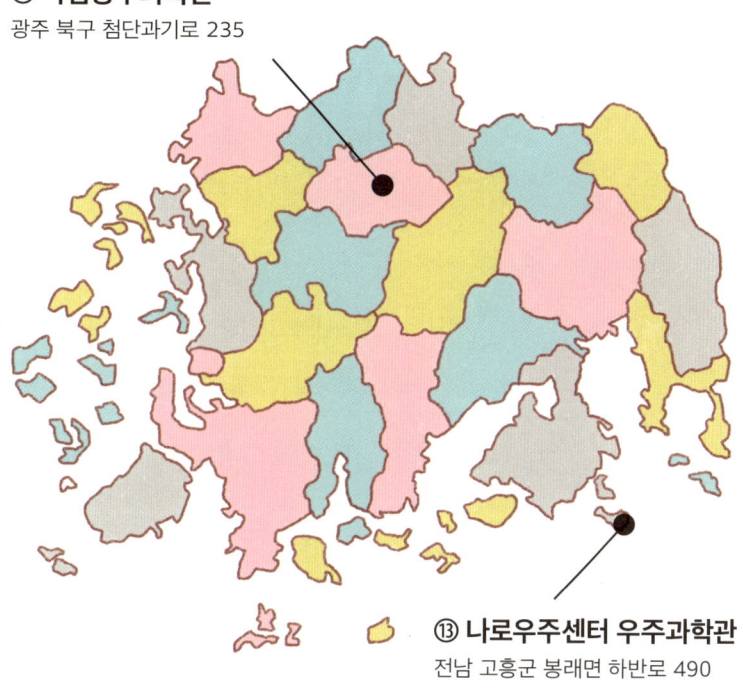

⑫ **국립광주과학관**
광주 북구 첨단과기로 235

⑬ **나로우주센터 우주과학관**
전남 고흥군 봉래면 하반로 490

⑫ **국립광주과학관**
초보자들을 위한 코딩 교육, 3D 프린터 맛보기 등의 프로그램들이 마련돼 있어요.
www.sciencecenter.or.kr

⑬ **나로우주센터 우주과학관**
우리나라와 전 세계의 우주 개발 역사를 알아보고 우주를 체험해 볼 수 있어요. 또 로켓 발사대를 견학하고 로켓 및 인공위성 만들기와 같은 체험도 해 볼 수 있답니다.
kari.re.kr/narospacecenter

경상도

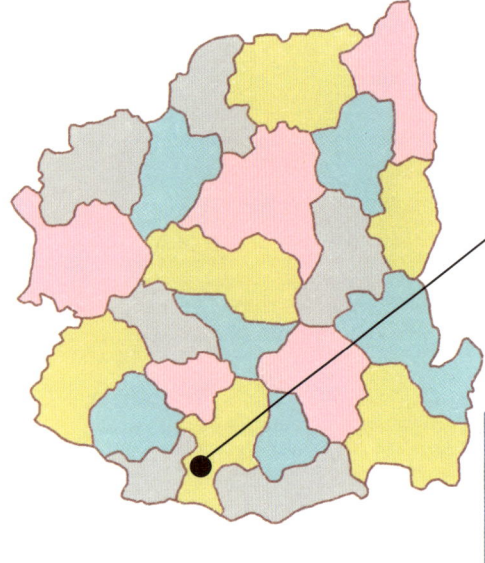

⑭ 국립대구과학관
대구 달성군 유가면 테크노대로6길 20

드론, 코딩, 로봇, 사물 인터넷 등을 체험할 수 있는 다양한 교육 프로그램이 있어요.

www.dnsm.or.kr

⑮ LG디스커버리랩 부산
부산 부산진구 새싹로 165

인공 지능을 체험할 수 있고, 인공 지능 연구자나 기술자가 꿈인 어린이를 위한 교육 프로그램이 마련돼 있어요.

www.lgdlab.or.kr

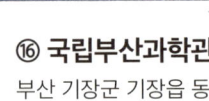

⑯ 국립부산과학관
부산 기장군 기장읍 동부산관광6로 59

3D 프린터로 직접 작품을 만들어 보는 교육 프로그램과 항공 우주, 자동차 등 산업의 미래와 에너지 낭비를 막는 신기술 등을 알아볼 수 있는 전시 공간이 있습니다.

www.sciport.or.kr

⑰ 제주미래교육연구원 과학탐구체험관
제주특별자치도 제주시 산록북로 421 제주미래교육연구원

⑰ 제주미래교육연구원 과학탐구체험관
과학 탐구 체험관에 가면 로봇, 가상 현실 등을 살펴볼 수 있는 전시 공간들이 마련돼 있습니다.
www.cisec.or.kr

4차 산업 혁명이 바꾸는
미래 세상

초판 1쇄 발행 2018년 2월 7일 | **초판 6쇄 발행** 2022년 10월 31일
글쓴이 연유진 | **그린이** 박민희
펴낸이 홍석 | **이사** 홍성우
편집부장 이정은 | **편집** 김세영·박고은·조유진 | **디자인** 권영은 | **외주 디자인** 손현주
마케팅 이송희·한유리·이민재 | **관리** 최우리·김정선·정원경·홍보람·조영행·김지혜
펴낸곳 도서출판 풀빛 | **등록** 1979년 3월 6일 제2021- 000055호
주소 서울특별시 강서구 양천로 583 우림블루나인 A동 21층 2110호
전화 02-363-5995(영업) 02-362-8900(편집) | **팩스** 070-4275-0445
전자우편 kids@pulbit.co.kr **홈페이지** www.pulbit.co.kr
블로그 blog.naver.com/pulbitbooks | **인스타그램** instagram.com/pulbitkids

ⓒ 연유진, 박민희, 2018
ISBN 979-11-6172-062-3 73500

사진 제공
15쪽 ⓒ 딥마인드사(Deepmind)의 다큐멘터리 〈알파고(Alphago)〉 스틸컷, 21쪽 ⓒ LG전자 인공지능 스피커 '씽큐 허브'/ www.flicker.com_photos_lge, 22쪽 ⓒ (상) Mike Dotta/ Shutterstock.com (하) Ned Snowman/ Shuttercrock.com, 28쪽 ⓒ Cmglee/ wikimedia commons, 41쪽 ⓒ 현대자동차, 104쪽 ⓒ (상) Yauhen_D/ Shutterstock.com, 106쪽 ⓒ (하) Hadrian/ Shutterstock.com, 109쪽 (상) ⓒ BY Camilo Sanchez/ wikimedia commons

이 도서의 국립중앙도서관 출판시도서목록(CIP)은 서지정보유통지원시스템 홈페이지(http://seoji.nl.go.kr)와 국가자료공동목록시스템(http://www.nl.go.kr/kolisnet)에서 이용하실 수 있습니다. (CIP제어번호: CIP2018000456)

* 책값은 뒤표지에 표시되어 있습니다.
* 파본이나 잘못된 책은 구입하신 곳에서 바꿔드립니다.

품명 아동 도서	**제조년월** 2022년 10월 31일	
사용연령 10세 이상	**제조자명** 도서출판 풀빛	
제조국 대한민국	**연락처** 02-363-5995	
주소 서울특별시 강서구 양천로 583 우림블루나인 A동 21층 2110호		
주의사항 종이에 베이거나 긁히지 않도록 조심하세요.		
책 모서리가 날카로우니 던지거나 떨어뜨리지 마세요.		
KC마크는 이 제품이 공통안전기준에 적합하였음을 의미합니다.